Sabine Wacker

Basisch essen

basenfasten
die wacker-methode®

Sabine Wacker

Basisch essen

160 köstliche Rezepte
für Ihre Säure-Basen-Balance

TRIAS

BASICS

Basisch essen

BASISCH

Die Rezepte

Basisch essen – meine **Philosophie**

Sabine Wacker
ist Heilpraktikerin mit Medizinstudium und erstem Staatsexamen. Sie leitet seit 1994 ihre Praxis in Mannheim, hat unzählige Basenfasten-Berater ausgebildet, über 20 Bücher verfasst und ihr Erfolgskonzept Basenfasten zusammen mit ihrem Sohn Matteo in zahlreichen zertifizierten Basenfasten-Hotels etabliert (www.basenfasten.de).

Dieses Buch ist für alle, die sich gern basischer ernähren möchten. Es versorgt Sie mit alltagstauglichen Rezepten für jede Mahlzeit und jede Gelegenheit. Ein langfristiger Begleiter, um eine gute Balance zwischen Säuren und Basen zu halten. Wenn Sie eine Woche oder länger Basenfasten durchgeführt haben, sich also zu 100% basisch ernährt haben, ist dies das »Nachfolgewerk«, um auf lange Sicht im Basengleichgewicht zu bleiben.

Es geht darum, überwiegend Basenbildner zu verzehren, aber es dürfen zu einem kleineren Anteil auch wieder Säurebildner wie Getreideprodukte – möglichst aus Vollkorn – dazukommen. Selbstverständlich können Sie dieses Buch auch ohne vorheriges Basenfasten einsetzen, um sich gesund, ausgewogen und basenreicher als bisher zu ernähren.

Die Prinzipien der basenreichen Ernährung lernen Sie auf den nächsten Seiten kennen. Am einfachsten lässt sich eine basenüberschüssige Ernährung mit der 80:20-Regel erklären und auch im Alltag umsetzen. Diese besagt, dass man sich täglich von 80% Basenbildnern und nur 20% Säurebildnern ernährt. Und bei den Säurebildnern werden noch gute, wie Vollkorngetreide oder Hülsenfrüchte, und schlechte, wie zuckerhaltige Limonadengetränke oder Weißmehlprodukte, unterschieden.

Natürlich ist es empfehlenswert, möglichst gute Säurebildner zu verwenden, aber es gibt keine absoluten Verbote. Mir geht es vielmehr darum, dass Sie ein Gefühl dafür entwickeln, welche Lebensmittel Ihrer Gesundheit guttun und welche Produkte Ihren Stoffwechsel als Säurebildner belasten. Sie können dann individuell ausgleichen, um kleine Säuresünden auszubügeln, oder auch beherzt gegensteuern, wenn Ihre bisherige Ernährung stark säurelastig war.

Ich selbst ernähre mich auch nicht immer nur basisch, sondern trinke mal einen Espresso, esse Vollkornbrot oder frischen Fisch mit einem guten Glas Wein … Aber häufig esse ich eben auch Obst oder Gemüse, also die klassischen Basenbildner.

In diesem Sinne finden Sie im Rezeptteil eine große Vielfalt von gesunden, basenüberschüssigen Rezepten, aus denen Sie ganz nach Geschmack, Anlass, Zubereitungszeit und individuellem Bedürfnis Ihre täglichen Mahlzeiten zusammenstellen können. Die Basenpunkte bei jedem Rezept zeigen, ob und wie viel Säurebildner enthalten sind. So erkennen Sie ganz leicht, wie es um Ihre Säure-Basen-Balance in der täglichen Ernährung bestellt ist.

Es sind ebenfalls einige Rezepte mit Fisch- oder Fleischanteil enthalten, auch wenn Fisch und Fleisch durch ihren hohen Proteingehalt die stärksten Säurebildner sind und natürlich wesentlich seltener verzehrt werden sollten – wenn überhaupt – als viele Menschen in westlichen Ländern dies tun. Beim Basenfasten sind Fleisch und Fisch dagegen tabu.

Falls Sie mit den Begriffen »Basenbildner« und »Säurebildner« noch nicht so viel anfangen können oder Sie mit »Basenfasten« und »basenüberschüssiger Ernährung« nicht vertraut sind: kein Problem. Alle notwendigen Informationen dazu erhalten Sie auf den nächsten Seiten. Die Unterschiede zwischen »Basenfasten« und »basenüberschüssiger Ernährung«, um die es in diesem Kochbuch geht, stellt eineTabelle (Seite 38) zudem auf einen Blick dar.

Wenn Sie die Prinzipien schon kennen, können Sie natürlich auch gleich mit dem Ausprobieren der Rezepte loslegen!

In jedem Falle wünsche ich Ihnen viel Genuss und Freude!

Ihre Sabine Wacker

BASICS

Basisch essen

Mein basen-reicher **Tag**

Morgens:
Wacker-Müsli mit Erdbeeren

17 Basenpunkte | 2 Personen | 7 Min.

1 reife Banane
etwas Apfeldirektsaft
1 EL Tannenhonig
Vanille
1 kleine Schale reife Erdbeeren (Bio)
4 EL Wacker gekeimtes Müsli (zu erhalten im Wacker Shop)

• • •

Die Banane schälen und mit einer Gabel zerdrücken. Apfelsaft mit dem Honig und der Vanille unter die Banane mischen. — Die Erdbeeren waschen, abzupfen, vierteln und zur zerdrückten Banane geben. Das gekeimte Müsli untermischen.

Mittags:
Buntes Quinotto

18 Basenpunkte | 2 Personen | 25 Min.

250 g Quinoa
½ l Gemüsebrühe
2 Stängel Glattpetersilie
4 kleine Karotten
1 kleine Zwiebel
2 EL Sonnenblumenöl
½ Gemüsebrühwürfel
250 g junger Spinat
2 EL Zedernüsse
Pfeffer
Kurkuma
1 EL Sesamsalz

• • •

Quinoa in der Gemüsebrühe zubereiten. Am Ende gehackte Petersilie dazugeben. Karotten und Zwiebel klein schneiden. — Zwiebeln im Öl andünsten. Karotten dazugeben, kurz erhitzen, mit etwas Gemüsebrühe (aus ½ Würfel) ablöschen. — Spinatblätter und Zedernüsse hinzugeben und bei mittlerer Hitze andünsten. Würzen. Quinoa unterrühren und servieren.

Abends:
Rüblicremesuppe

19 Basenpunkte | 2 Personen | 25 Min.

5 Karotten
1 Kartoffel
1 Schalotte
1 EL Sonnenblumenöl
1 cm frischer Ingwer
1 l Gemüsebrühe
weißer Pfeffer
1 Prise Muskat
½ TL Kurkuma
2 EL gekeimtes Kichererbsenmehl
1 EL Crème fraîche

• • •

Gemüse klein schneiden. Schalottenwürfel im Öl andünsten. Karotten, Kartoffel, Kichererbsenmehl und Ingwer hinzugeben und mit Gemüsebrühe auffüllen. — Für ca. 15 Min. kochen, dann pürieren und würzen. Suppe mit Crème fraîche verfeinert servieren.

So wird **mein Leben** basischer

Ernährung ist nicht alles, was Sie verändern müssen, um sich endlich wieder fit und gesund zu fühlen. Aber Ihre Ernährung ist ein ganz entscheidender Faktor, der so manch anderen nach sich zieht. Eine Ernährungsumstellung, die basenreiche Nahrungsmittel in den Mittelpunkt stellt und damit das körperliche und seelische Wohlbefinden verbessert, steigert automatisch auch das Bedürfnis, andere Lebensbereiche zu optimieren: Sie haben wieder mehr Lust auf Sport, schauen sich nach einem neuen, erfüllenden Hobby um und misten Ihr Leben und Ihr Umfeld mal so richtig aus, um Platz für Neues zu schaffen, das Ihrem Leben neue positive Impulse gibt. Eine grundlegende Umstellung der Ernährung ist hier oft der erste Schritt in ein neues Leben.

Eine gesunde Ernährungsweise deckt nicht einfach nur den Bedarf an lebenswichtigen Nährstoffen – sie hält unseren Stoffwechsel gesund und sorgt dafür, dass alle verbrauchten oder nicht benötigten Stoffe abgebaut und schnell ausgeschieden werden können. Diesen Vorgang nennt man auch Entgiftung oder Detoxen – ein ganz alltäglicher Vorgang für unseren Organismus. Die in pflanzlicher, basenreicher Kost enthaltenen Bioaktivstoffe und Ballaststoffe fördern die Entgiftungsleistung des Organismus.

Erschwert werden die Entgiftungsleistungen – vor allem in Leber und Darm – dagegen durch einen hohen Anteil tierischer Eiweiße und Fette in der Nahrung. Im Klartext: Ein knackiger Blattsalat der Saison mit frischer Kresse ist basisch und entgiftet. Ein Cordon bleu mit Nudeln ist sauer, schwer verdaulich und erschwert die Entgiftungsvorgänge. Entscheiden Sie selbst, was Sie lieber wollen.

Säurebildend sind die meisten tierischen Produkte – vom Fleisch über Wurstwaren und Fisch bis hin zu Milchprodukten. Denn es ist vor allem der Gehalt an Eiweiß, vor allem an tierischem Eiweiß, der für die Säurebildung verantwortlich ist. Daneben zählen alle Nahrungsmittel zu den säurebildenden Nahrungsmitteln, die während ihrer Verdauung im Stoffwechsel Säuren frei werden lassen, so auch alle Getreidearten und Zucker sowie einige Nüsse.

Obst und Gemüse – sooft es geht

Basenbildend sind dagegen die meisten Obst- und Gemüsesorten, Kräuter, einige Nüsse und Samen sowie Keimlinge. Es sind die Nahrungsmittel, die über einen hohen Gehalt an basischen Mineralstoffen wie Kalium, Magnesium und Kalzium und deren organischen Salzen wie Malaten und Fumaraten verfügen und nur wenig Eiweiß enthalten. Sie werden im Körper basisch verstoffwechselt. Besonders der Kaliumgehalt eines Nahrungsmittels spielt bei der Bewertung seiner basenbildenden Eigenschaft eine große Rolle. Es gibt für die Berechnung der basischen Wirkung Formeln, die allerdings nur ungefähr einen Anhaltspunkt geben, denn sie berücksichtigen nicht alle basenbildenden Komponenten des Nahrungsmittels.

Ein Problem bei der Berechnung sind auch schwankende Mineraliengehalte in Abhängigkeit von der Saison, der Reife und der Art des Anbaus. Mineraliengehalte für die Berechnung solcher Formeln werden der allgemein anerkannten Lebensmitteltabelle der Deutschen Forschungsanstalt für Lebensmittelchemie (»Der kleine Souci Fachmann Kraut«) entnommen.

Die wichtigsten Basenbildner

Basenbildner sind im Wesentlichen die meisten Pflanzen:

— Wurzeln, Blätter, Blüten und viele Früchte,
— Samen, frische Kräuter und frische Keimlinge.
— Lediglich Spargel, Artischocken und Rosenkohl sind säurebildende Pflanzen.
— Achtung: Auch Getreide bildet Säuren!

Neben Obst und Gemüse sind im Einzelnen folgende Lebensmittel basenbildend:

— Algen (Nori, Wakame, Hijiki, Chlorella, Spirulina)
— Blütenpollen
— Chiasamen
— Erdmandelflocken oder auch Chufas-Nüssli
— frische Walnüsse
— Wacker gekeimtes Müsli
— Hanfsamen, auch geröstet
— Hefeflocken
— Kokosflocken
— Kürbiskerne
— Kürbiskernmus
— Leinsamen, -schrot
— Makadamianüsse
— Mandeln
— Mandelmus – ohne Honigzusatz
— Mohnsamen
— Ölsaatenmischung – aus Kürbiskernen, Sesam, Leinsamen und Sonnenblumenkernen
— Paranüsse
— Sesam
— Pistazien
— Zedernüsse
— Sesamsalz (Gomasio)
— Sonnenblumenkerne, -mus
— Tahin (Sesammus)
— Umeboshi-Aprikosen
— Apfelkraut, Birnenkraut
— Agavendicksaft
— Ahornsirup
— Birnenkraut, Birnendicksaft zum Süßen
— Kokosblütenzucker, -sirup
— Wacker Mousse aus gekeimten Linsen, Kichererbsen oder Bohnen
— Wacker gekeimtes Kichererbsenmehl

Basischer leben? So einfach ist das!

Mit den folgenden Vorschlägen legen Sie den Schalter auf »basisch« um:

— Täglich 1–2 Äpfel oder anderes reifes Obst der Saison.
— Auch gut: ein frisch gepresster Saft oder ein basisches Müsli zum Frühstück.
— Täglich Rohkostsalat mit frischen Keimlingen oder Kräutern.
— Täglich mindestens eine große Portion Gemüse der Saison oder eine Gemüsesuppe.
— Idealerweise verzehren Sie mindestens 1 Kilo Obst und Gemüse pro Tag. Das ist gar nicht so viel: Wiegen Sie mal einen Apfel.
— Täglich 2,5 bis 3 Liter Wasser oder Kräutertees.

Und wenn Sie tagsüber doch mal zu viele Säuren erwischt haben, gleichen Sie das am Abend mit einer basischen Mahlzeit aus: mit Kräutertee, Gemüsesuppe, Brühen, Pellkartoffeln oder Salat.

Ich esse, was mir guttut

Oft werde ich gefragt, ob ich mich immer nur basisch ernähre, um so schlank zu sein und zu bleiben. Meine Antwort ist immer: »Nein, ich ernähre mich einfach basenreich, und das, ohne täglich Punkte oder Kalorien zu zählen oder mich sonst damit zu stressen. Ich esse so viel wie möglich Obst und Gemüse, weil ich es gern esse und es mir guttut!

Und trotzdem trinke ich gern mal einen Espresso, esse gern ein Vollkornbrot, esse gern Rohmilchkäse und sage auch bei einem frisch gefangenen Fisch nicht nein, finde meine Mousse au Chocolat die beste der Welt und meine Söhne finden das auch. Ich trinke gern mal einen superguten Rotwein – dessen Trauben homöopathisch behandelt werden anstatt mit Pestiziden. Denn auf Qualität achte ich auch bei Säurebildnern. Das Leben in seiner ganzen Vielfalt zu genießen, ist mir sehr wichtig – mich gesund und wohlzufühlen ist mir genauso wichtig. Deshalb begrenze ich im Alltag die Säurebildner auf ein Minimum in meinem Speiseplan und sehe es dafür an »Feiertagen« mal nicht so penibel. Und darauf kommt es an und so klappt es mit der Gesundheit und dem Gewicht.

Übersäuerung ausgleichen

Die besten Vorsätze sind im Alltag nicht immer haltbar. Da gibt es Einladungen, Geburtstage, Feiertage, Urlaube, Frustessen und natürlich die gefürchteten Heißhungerattacken. Und schon ist es geschehen: Es sind mal wieder jede Menge Säurebildner auf dem Teller gelandet. Hier eine Latte macchiato, da ein Stück Kuchen, gestern Abend ein üppiges Abendessen mit Fleisch, Sauce, Nudeln und danach noch Tiramisu. Bevor Sie nun den Kopf in den Sand

Zu viele Säuren abbekommen?

Säurefalle	ausgleichen mit
Cappuccino und Croissants zum Frühstück?	Mittags gibt es nur einen großen Salat.
Frühstück mit Kaffee und Marmeladenbrot und mittags unterwegs und keine Zeit für Basisches?	Dann ist heute Abend Suppenabend angesagt und morgen früh gibt's Obstsalat.
Spaghetti mit Tomatensauce, weil es zum Mittag schnell gehen musste?	Abends gibt's nur 5 kleine Pellkartoffeln mit Olivencreme oder mit einer Wacker Mousse.
Im Meetingstress 3 Tassen Kaffee zu viel getrunken?	Morgen früh gibt es einen frisch gepressten Saft und danach erst mal Kräutertee.
Gestern auf einer Geburtstagsfeier zu tief ins Glas geschaut?	Heute gibt's einen frisch gepressten Saft und mittags Salat.
Abends eine große Geburtstagseinladung mit allem, was den Körper sauer macht?	Morgen früh sind ein basisches Müsli und eine Walkingrunde angesagt.
Heute nur belegte Brote gegessen?	Morgen ist ein Salat-Gemüse-Tag.
Am Nachmittag zu viel genascht?	Dafür gibt es heute Abend nur eine Gemüsebrühe – wenn Sie sehr hungrig sind, mit 1–2 Kartoffeln drin.
Ein total stressiger Tag ist endlich zu Ende gegangen?	Lassen Sie sich ein Basenbad ein und gehen Sie früh ins Bett.
Das Tiramisu beim Italiener sah einfach zu lecker aus und Sie konnten nicht widerstehen?	Dann gibt es nur noch Gemüse-Antipasti.
Sie haben einen herrlichen Eisbecher geschlemmt?	Abends gibt es Pellkartoffeln mit Avocado.

stecken und sagen: »Na ja, irgendwann mache ich mal wieder eine Basenfastenwoche«, legen Sie in den nächsten Tagen einfach einen basischen Tag ein – das entlastet den Stoffwechsel und beruhigt auch Ihr Gewissen. Verwenden Sie dafür zum Ausgleich am besten die Rezepte aus diesem Buch, die 20 Basenpunkte haben, das bedeutet, sie sind 100 % basisch.

Nicht alle Säurebildner sind schlecht

Zu einem basenreichen Leben gehören auch Säurebildner – ein Anteil von 20–30 % gilt als ideal. Bei der Auswahl der Säurebildner in der täglichen Nahrung ist jedoch einiges zu beachten: Nicht alle Säurebildner sind grundsätzlich schlecht, denn die Säurewirkung der Lebensmittel ist sehr unterschiedlich. Ich spreche daher von »guten« und »schlechten« Säurebildnern.

So sind all diejenigen Lebensmittel als gute Säurebildner anzusehen, die nur wenig Säure bilden und dem Körper nebenbei jede Menge Vitalstoffe liefern und wenig stoffwechselbelastende Zusatzstoffe enthalten. Gute Säurebildner gehören daher unbedingt zu einer vollwertigen Ernährung, sollten aber nicht in zu großen Mengen verzehrt werden.

Gute Säurebildner sind:

- Vollkorngetreide
- Pseudogetreide: Quinoa, Amaranth, Buchweizen
- Hülsenfrüchte: Linsen, Bohnen, Mungobohnen, Adzukibohnen, Sojabohnen, Kichererbsen
- Folgende Nüsse: Cashewkerne, Pecannüsse, Haselnüsse, Pinienkerne, Erdnüsse
- Sojaprodukte
- Artischocken, Spargel, Rosenkohl
- grüner und weißer Tee

Vollkorngetreide ist aufgrund des hohen Vitalstoffanteils in der Hülle des Korns ein unverzichtbares Lebensmittel. Dennoch ist es säurebildend, wobei die Säurewirkung nicht bei allen Getreidearten gleich ist.

Als schlechte Säurebildner bezeichne ich alle Lebensmittel, deren säurebildende Wirkung gravierender ist als ihre sonstige positive gesundheitliche Wirkung. Durch die starke Säurebildung entziehen sie dem Körper zusätzlich basische Mineralien. Auch Fleisch und Milchprodukte gehören für mich dazu, denn tierische Eiweiße sind nun einmal die stärksten Säurebildner.

Schlechte Säurebildner sind:

- alle Fleisch- und alle Wurstwaren (auch Bio) wie Rind, Kalb [...] Pferd und auch Wild)
- Innereien (auch Bio)
- Geflügelfleisch, auch Taube, Wachtel (auch Bio)
- Eier
- Haferflocken als Schmelzflocken
- Kaffee
- Meeresfisch, Zuchtfisch
- Meeresfrüchte
- Milchprodukte (auch Bio)
- schwarzer Tee
- Softdrinks, Cola
- alkoholische Getränke
- Weißmehlprodukte, Teigwaren aus Weißmehl
- weißer Reis, polierter Reis
- Zucker und zuckerhaltige Lebensmittel
- Cornflakes und Müslis mit Zusätzen (Zucker)

Keine Sorge, auch auf die schlechten Säurebildner müssen Sie in Zukunft nicht völlig verzichten. Wichtig ist mir nur, dass Sie wissen, was Sie tun, wenn Sie sich in Zukunft Kaffee, Cola, Süßes oder Fast Food einverleiben.

Wenn Sie sich die Liste der schlechten Säurebildner anschauen, fragen Sie sich vielleicht, warum wir Fleisch und Fisch dazuzählen, obwohl beides viele Nährstoffe enthält. Das liegt daran, dass Nahrungsmittel mit tierischem Eiweiß eine stärkere Säurebildung aufweisen als Nahrungsmittel auf pflanzlicher Basis wie Getreideprodukte oder Hülsenfrüchte. Zudem sind die Stoffwechselauswirkungen eines übermäßigen Fleisch- und Fischverzehrs gravierender als bei übermäßigem Verzehr der guten Säurebildner wie beispielsweise Vollkorngetreide.

Säurebildner vernünftig dosieren

Ein basenreiches Leben gelingt dann am besten, wenn man weiß, wo die Säurefallen sind und wie man sie am besten vermeidet. Viele Nahrungs- und Genussmittel sind mehr oder weniger starke Säurebildner. Doch es gibt auch »gute« Säurebildner, die, wenn sie nicht im Übermaß verzehrt werden, durchaus positive Wirkungen auf die Gesundheit haben. In einer gesunden Säure-Basen-Balance zu leben ist Frage der richtigen Mengenverhältnisse in der Ernährung. Generell gilt: Versuchen Sie mit Säurebildnern in Zukunft sparsam umzugehen.

Kaffee, Schwarztee, grüner Tee: Reduzieren Sie Ihren Kaffeekonsum auf 1 bis maximal 2 Tassen am Tag. Dasselbe gilt natürlich auch für Espresso, schwarzen, grünen und weißen Tee.

Fisch und Meeresfrüchte: Essen Sie zwei- bis dreimal in der Woche Fisch – das gilt für Männer. Frauen und ältere Menschen sollten nur ein- bis zweimal in der Woche Fisch verzehren. Bevorzugen Sie Fisch und lassen Sie Meerestiere zur Ausnahme werden.

Fleisch und Wurst: Wenn Sie keinen Fisch mögen, können Sie zwei- bis dreimal in der Woche Fleisch oder Wurst essen. Wurst sollte hier eher die Ausnahme sein, da sie meist mehr versteckte Fette und andere Zutaten wie Pökelsalze enthält. Für Frauen gilt: Es genügen ein- bis zweimal pro Woche Fleisch oder Wurst, da Frauen weniger Eiweiß brauchen. Wenn Sie Ihre zwei bis drei Portionen Fisch pro Woche haben, genügt es völlig, nur einmal Fleisch zu essen oder gar nicht. Und Fleisch und Fisch müssen nicht sein, es geht auch ohne!

Milchprodukte, Käse: Gehen Sie sparsam mit Milchprodukten um – nur jeden zweiten Tag. Als Erwachsener benötigen Sie pure Milch gar nicht. Besser sind Naturjoghurt, Quark mit natürlicher Fettstufe, hin und wieder ein Käsebrot – vorzugsweise mit Ziegen- oder Schafskäse.

Alkohol sollte für Festlichkeiten und fürs Wochenende reserviert sein, denn er gehört zu den schlechten Säurebildnern.

Softdrinks und Cola müssen gar nicht sein. Sie gehören zu den schlechten Säurebildnern, denen man keinen gesundheitlichen Wert abgewinnen kann. Je eher Sie sich solche Getränke abgewöhnen, umso besser. Und wenn sie Ihnen zu gut schmecken, dann bitte als absolute Ausnahme.

Süßigkeiten sollten eine Ausnahme sein: wenn überhaupt, dann ein- bis dreimal die Woche.

Pizza, Döner und Burger müssen nicht sein! Es sei denn, Sie machen sich die Pizza mit frischen Zutaten zu Hause selbst. Wenn Sie ein Fast-Food-Fan sind, reduzieren Sie Ihre Ausflüge in diese Fast-Food-Welt auf ein Minimum – zu besonderen Gelegenheiten.

Nudeln sind schon allein deshalb ungünstig, weil sie so glitschig sind, dass man sie nie richtig kaut. Aber sie schmecken mit einer leckeren Sauce so gut – vor allem Kinder lieben sie. Wenn schon Nudeln, dann bitte aus Hirse, Dinkel, Kamut, damit auch mal andere Getreide zum Zug kommen. Beschränken Sie den Verzehr normaler weißer Hartweizengrießnudeln auf ein Minimum und machen Sie dazu ein Gemüsesugo oder Pilzragout.

Brot: Wenn schon Brot oder Nudeln, dann am besten als Vollkornprodukt. So ist Getreide zwar leicht säurebildend, liefert aber auch Vitalstoffe und Ballaststoffe. Das gilt auch für Gebäck. Wenn schon – dann lieber Vollkorn. Brot sollte höchstens einmal täglich auf den Tisch. Also bitte nicht morgens, mittags und abends Brot essen.

Hülsenfrüchte bereichern den Speiseplan und können einmal die Woche als Suppe oder als Beilage auf dem Speiseplan stehen.

Nüsse: Nüsse – auch die säurebildenden – sind immer eine gute Wahl und ein idealer Ersatz, wenn Sie eigentlich gerade zu einem Schokoriegel greifen wollen.

- Zu den basenbildenden Nüssen gehören Mandeln, frische Walnüsse, Paranüsse, Makadamianüsse und Zedernüsse.
- Säurebildende Nüsse sind Cashewkerne, Pecannüsse, Haselnüsse, Pinienkerne, Erdnüsse.

»Leeres« Essen: Leer nenne ich es deshalb, weil es keine nennenswerten Vitamine, Mineralien oder Bioaktivstoffe liefert. Ich meine, der Körper spürt, dass ihm da was fehlt: Weißmehlprodukte, raffiniertes, überzuckertes Essen usw. Verbannen Sie daher leeres Essen vom Teller und setzen Sie auf Qualität statt auf Quantität.

Meine besonderen basischen Lebensmittel

Oliven

Ich liebe Oliven. Am liebsten die reifen, schwarzen – aber natürlich nur die ungefärbten. Denn die gefärbten enthalten Eisengluconat und das ist nichts für den empfindlichen Darm und die Oliven schmecken nicht mehr nach Oliven. Es gib so viele unterschiedliche Olivensorten. – Es lohnt sich, immer wieder zu probieren, bis Sie Ihre Lieblingssorte gefunden haben.

Sprossen und Keimlinge

Ob Sie sie selbst ziehen oder frisch im Bioladen kaufen, ist egal, Hauptsache, diese kleinen Powerpakete kommen täglich bei Ihnen auf den Tisch – sie garantieren Ihnen Ihre Vitalstoffversorgung auf der Fensterbank – vor allem im Winter. Frischer und zuverlässiger geht es nicht. Suchen Sie sich Ihre Lieblingssorten aus – fast alles, was essbar ist, ist auch keimfähig. Sprossen und Keimlinge stecken voller Vitamine, Mineralien, Enzyme und Bioaktivstoffe.

Zucchini- und Kürbisblüten

Sie gibt es nur selten bei uns, es sei denn, man hat einen eigenen Garten. In Italien ist ihr Einsatz viel gebräuchlicher und sie sind sehr günstig. Ich bitte immer meine Nachbarin darum, mir einige Blüten zu geben. Ob kurz in Olivenöl angebraten oder mit einer köstlichen Kartoffelcreme gefüllt – ich liebe sie. Sie enthalten nebenbei wertvolle Bioaktivstoffe, die ihnen die gelbe Farbe verleihen.

Erdmandelflocken

Erdmandelflocken, auch Chufas Nüssli genannt, sind Wurzelknöllchen, die vom Aussehen her an Mandeln erinnern. Sie sind sehr ballaststoffreich und enthalten auch viel Vitamin E und B-Vitamine. Sie finden sie u. a. im Bioladen. Chufas Nüssli kommen ins basische Müsli, lassen sich aber auch zu einem leckeren Porridge oder Gebäck verarbeiten.

Sesamsalz (Gomasio)

Sesamsalz oder Gomasio besteht aus geröstetem Sesam und einem geringen Prozentsatz an Salz. Das ist eine ideale basische Würzmischung für Salate und Gemüse, die ich sehr gern in meinen Rezepten verwende. Das Schöne daran: Es vermittelt Salzgeschmack bei sehr wenig Salzgehalt. Achten Sie darauf, dass der Salzgehalt um die 5% liegt.

Goldkeimlinge

Wenn es im Alltag schnell gehen muss, dann sind Goldkeimlinge – vorgekeimte, sehr schonend getrocknete Hirsekeimlinge – auch Braunhirsekeimlinge eine wunderbare Alternative. Sie sind auch enthalten im Wacker Müsli – zusammen mit gerösteten Erdmandelflocken und leckeren Trockenfrüchten. So schaffe ich mein basisches Müsli auch dann, wenn es mal wieder schnell gehen muss.

Basenkräutertee

Ohne Tee geht bei mir gar nichts – Kräutertee versteht sich. Jeden Tag mindestens 2 Kannen – eine davon ist mein Basenkräutertee von Lebensbaum. So kann ich selbst im manchmal säuernden Alltag einen Ausgleich schaffen.

Tipp

Bio-Erdmandelflocken, Basenkräutertee von Lebensbaum und gekeimte Goldhirse sind im Wacker Shop (www.basenfasten.de/shop) erhältlich.

Kapuzinerkresseblüten

Von Mai bis zum ersten Frost ist dieses pflanzliche Wundermittel eine köstliche Bereicherung für jeden Salat. Sowohl die Blätter als auch die Blüten sind verwendbar und verleihen dem Salat eine angenehme Schärfe. Wundermittel, weil die darin enthaltenen Bioaktivstoffe gleichermaßen gegen Bakterien, Viren und Pilze wirken.

Basenreich essen – leicht gemacht

»Mein Kind isst kein Gemüse – es mag nur Würstchen, Pommes, Nudeln und Pizza.« Stimmt das wirklich? Ganz ehrlich: Kein Kind kommt auf die Welt und verlangt sofort Spaghetti, Wurstbrot oder Gummibärchen. Alles anerzogen. Manche Eltern sind, wenn es um die Ernährung ihrer Kids geht, schnell entmutigt. Geben Sie nicht so schnell auf! Auch Ihre Kinder essen Obst, Salat und Gemüse – Sie wissen nur noch nicht, welche Sorten sie bevorzugen.

Es geht doch auch uns Erwachsenen so, dass wir längst nicht alle Gemüsesorten mögen. Ich beispielsweise mag Blumenkohl und Rosenkohl nicht leiden und esse sie nur zur Not. Einer meiner Söhne steht auf Auberginen und hasst Zucchini, der andere liebt Zucchini und mag keine Auberginen. Beide mögen Fenchel nicht – wenn ich ihn allerdings püriert in eine Suppe einbaue, löffeln sie mir die Suppe im Nu leer. Am liebsten aber essen sie Kartoffelsuppen – eine Entdeckung, die ich eher zufällig gemacht habe. Mein Jüngster, der sonst gern nach was »Richtigem«, sprich Fleisch, fragt, isst schon mal drei Teller Kartoffelsuppe und findet sie superlecker. So geht es meinem Mann und mir beim Basenfasten: Mein Mann kocht 3 Liter Kartoffel-Karotten-Cremesuppe – und abends stellen wir fest, dass der Topf von uns leer gegessen wurde.

Für Kinder: basenreich und fantasievoll

Worauf kommt es also an? Sie müssen Basisches ganz selbstverständlich anbieten: morgens ein Obstfrühstück vorbereiten, mittags steht ungefragt ein Salat am Platz – der gehört einfach zum Essen … Auffallend ist, dass Jugendliche, die sich ihr Essen selbst zubereiten müssen, sich keinen Saft frisch pressen oder Obst für ein Müsli schneiden. Da sind wir Eltern gefordert, basische Angebote zu machen. Probieren Sie es aus, und Sie werden erstaunt sein, wie gut das funktioniert. Schwierig wird es, wenn Ihr Partner oder auch nahestehende Verwandte Obst und Gemüse öffentlich disqualifizieren. Hier kommt es darauf an, welche Stärke Sie besitzen, sich zu behaupten und trotzdem unermüdlich Gesundes anzubieten. Gesundheitsargumente ziehen bei Kindern überhaupt nicht – schon gar nicht bei kleinen Kindern. Es zählt nur eines: Ruhe, Ausdauer und Selbstverständlichkeit, mit der Sie Basenreiches täglich auf den Tisch bringen.

Tipps zur Umstellung

Säfte anbieten: Fangen Sie »klein« an. Bieten Sie zunächst frisch gepresste Säfte zum Frühstück an – das ist schon mal ein guter Start in den Tag. Säfte werden immer gern getrunken. Mogeln Sie ein wenig Karotte, Pastinake oder Kohlrabi hinein – nur so viel, dass sie geschmacklich nicht zu dominant werden.

Obst anbieten: Halten Sie immer knackiges Obst auf Vorrat und bieten Sie es zum Frühstück oder – für Salatmuffel – vor dem Mittagessen an.

Basische Köder auslegen: Verstecken Sie ungesunde Süßigkeiten sehr gut, wenn Sie überhaupt welche auf Vorrat halten wollen, und platzieren Sie eine gut sichtbare Schale im Raum, in der sich Nüsse, Rosinen, getrocknete Ananas, Datteln und Ähnliches befinden.

Salat: Bieten Sie zu jedem Mittagessen einen kleinen, langsam größer werdenden Salat an – mit Nüssen, Samen, auch mal mit Apfel oder Orangen drin oder mit Schafskäse oder Schinken.

Mindestens einmal Gemüse: Bieten Sie zu jedem Mittagessen auch mindestens eine Gemüsesorte an. Kartoffeln essen fast alle Kinder gern. Probieren Sie die Gemüserezepte aus diesem und unseren anderen Büchern aus – sicher finden sich darunter auch die Lieblingsgemüsesorten Ihrer Kinder.

Weniger Fleisch: Lassen Sie die Fleischportionen allmählich schrumpfen und die Gemüseportionen größer werden. Je größer die Salatportion vor dem Essen wird, umso weniger Platz ist anschließend für das Fleisch. Zugegeben, das kann anfangs zu Widerständen führen, da aber der Mensch ein Gewohnheitstier ist, legt sich der Protest erfahrungsgemäß nach einiger Zeit. Wichtig ist, dass Sie die Nerven behalten!

Zusammen kochen: Wenn Sie kleinere Kinder haben, sollten Sie mit den Kindern zusammen das Gemüsekochen lustig gestalten. Das klappt am besten, indem die Kinder beim Saftpressen und beim Herstellen von Gemüsespaghetti mitmachen dürfen. Kinder haben ihren Spaß dabei, wenn meterlange Karottenspaghetti aus der Gemüsespaghettimaschine kommen, und essen sie auch gern.

Alternativen zu Fertig-Fruchtjoghurt und anderem Süßkram

Kinder brauchen Süßes, so wird oft argumentiert und dann mit Zuckerbomben aufgefahren, die jede Bauchspeicheldrüse in den Schock treiben. Klar mögen Kinder den Geschmack »süß«, aber was spricht denn dagegen, ihnen mit Studentenfutter mit viel Nüssen, Vollkornschokoriegeln oder Sesam-Honig-Gebäck gesunde Süßigkeiten anzubieten? Auch ein Naturjoghurt, der mit einer zerquetschten Banane und etwas Honig gesüßt ist, schmeckt lecker und ist eine gute Alternative zu den übersüßten Fertigjoghurts. Auch lecker: pürierte frische Früchte, z.B. Erdbeeren oder Himbeeren.

Fertig-Fruchtjoghurts und die diversen Puddings und Quarkspeisen bleiben ab sofort im Kühlregal des Supermarkts.

So finden Kinder Gefallen am basischen Essen

Lassen Sie sich nicht entmutigen, wenn Ihre Kinder Gemüse erst einmal ablehnen. Probieren Sie immer wieder neue Gemüsegerichte aus, bis Sie Erfolg damit haben. Und das Schöne daran: Dabei lernen Sie auch jede Menge Gemüsesorten und Zubereitungen kennen, die Ihre Küche basisch bereichern und lecker schmecken. So kommt Basenreiches gut bei Ihren Jüngsten an:

- Frisch gepresste Säfte mag jedes Kind.
- Mogeln Sie ungeliebtes Gemüse in die Säfte.
- Bieten Sie immer ein Stück Obst zum Essen an.
- Legen Sie basische »Köder« aus.
- Ihr Kind mag keinen Salat? Bieten Sie mal einen süßen Salat mit Orangen oder Apfel an.
- Ihr Kind liebt Suppen mehr, als Sie denken.
- Pürieren Sie ungeliebtes Gemüse einfach.
- Stellen Sie lustige Gemüsespaghetti mit den Kindern selbst her.
- Präsentieren Sie Gemüse und Salat attraktiv.
- Und bieten Sie es immer wieder an.
- Servieren Sie immer wieder ein neues Gemüse.
- Und: Gesundheitsargumente ziehen bei Kindern nicht.

Auch die Fruchtjoghurts und Milchreis-Pudding-Fraktion der Bioläden sind nicht wirklich empfehlenswert, denn Zucker bleibt Zucker! Sind Sie daher kreativ und setzen Sie Ihren Kindern nicht jedes Fertigprodukt vor.

Das Abendbrot basischer gestalten

Frisches Vollkornbrot aus dem Bioladen – etwa ein Gerste-Dinkel-Haferbrot oder Brot aus gekeimtem Getreide ist ein Hochgenuss. Trotzdem ist es ein Säurebildner, aber eben ein guter Säurebildner. Wenn jedoch noch Käse, Wurst oder Schinken den Belag bilden, dann ist das eine 100% saure Angelegenheit. Was tun?

Genau, einen basischen Aufstrich aufs Brot streichen. Ihr Abendbrot können Sie mit basischen Aufstrichen prima entsäuern. Wenn Sie es herzhaft mögen, mit einer Olivencreme oder mit Pesto. Wenn Sie es milder mögen, mit einem Avocadoaufstrich. Es gibt auch unzählige vegetarische Aufstriche für jeden Geschmack im Bioladen zu kaufen: ganz basische wie Olivencreme oder basenreiche mit Lupinen, Hanf, Champignons oder Paprika – die Auswahl ist riesengroß. Auch ein Basilikum- oder Rucolapesto ist lecker aufs Brot. Diese sind zumindest weniger säurelastig als Wurst oder Käse. Und wenn es dann doch ein Käsebrot sein muss? Dann essen Sie es ohne schlechtes Gewissen – und gestalten Sie dafür Ihr nächstes Frühstück wieder basischer.

Übrigens: Ob eine Avocado reif ist, erkennen Sie daran, dass sie eine braune und unattraktive Farbe bekommt. Knackig grüne und feste Avocados sind leider unreif, unbasisch und haben kein Aroma.

Einige Ideen für ein leckeres basisches Abendbrot mit basischem Aufstrich erhalten Sie auf der nächsten Doppelseite.

Die richtige Ausstattung für die basenreiche Küche

Es gibt einige nützliche Küchenhelfer, die Ihnen bei der gesunden und leckeren Zubereitung basenreicher Rezepte zur Seite stehen. Das wichtigste Hilfsmittel zur Gemüsezubereitung ist ein Dampfgarer (Seite 92), dessen Anschaffung eigentlich ein Muss für die vitalstoffreiche Küche ist.

Apfelschneider

Einen Apfelschneider finden Sie in allen Haushaltswarenabteilungen von Kaufhäusern, oft sogar in Supermärkten. Diese kleine und einfach zu handhabende Küchenhilfe teilt Äpfel blitzschnell in kleine Schnitze und entfernt dabei das Kerngehäuse. Die Schnitze können Sie direkt essen, ins Müsli oder in den Entsafter geben. Der Apfelschneider ist leicht zu säubern und kostet nur wenige Euro.

Gemüsebürste

Gemüsebürsten werden dazu verwendet, Gemüse unter fließendem Wasser abzubürsten und damit zu säubern – besonders sinnvoll ist das bei Wurzelgemüse wie Karotten, Petersilienwurzeln und Pastinaken. Sie verhindern dadurch, dass Sie die Gemüse schälen müssen und Ihnen wertvolle Stoffe aus der Schale verloren gehen. Auch Kartoffeln können Sie abbürsten. Wenn Sie neue Kartoffeln mit dünner Schale verwenden, die nicht geschält werden müssen, genügt es, die Kartoffeln unter fließendem Wasser abzubürsten.

Die Gemüsebürste ist vor allem dann sinnvoll, wenn Sie Gemüse aus biologischem oder aus biologisch-dynamischem Anbau verwenden, denn dieses kann bedenkenlos mit der Schale verzehrt werden. Gemüse aus konventionellem Anbau sollten Sie schälen, da sich unterhalb der Schale die meisten Rückstände der Pflanzenschutzmittel ablagern. Gemüsebürsten gibt es aus Naturfasern wie Kokos, Sisal oder Hanf.

Gemüsereibe

Eine Gemüsereibe befindet sich eigentlich in jedem Haushalt. Egal, ob Sie eine einfache mechanische haben oder ob sie Bestandteil Ihrer Küchenmaschine ist – Gemüsereiben sind sinnvoll. Sie können damit Gemüse zu allem Möglichen verarbeiten: Scheiben, Stiften, Raspeln. Wenn Sie gern mal ein Gemüsecarpaccio herstellen wollen, empfehle ich allerdings einen Trüffelhobel, der hauchdünne Scheiben entstehen lässt.

Gemüseschäler

Auch Gemüseschäler finden sich in jedem Haushalt – häufig unter dem Namen »Spargelschäler«. Es gibt verschiedene Ausführungen von Gemüseschälern, ich mag die ganz einfachen alten aus Metall ohne jeden Schnickschnack. Doch alle erfüllen ihren Zweck. Sie können damit Kartoffeln, Pastinaken, Schwarzwurzeln, Petersilienwurzeln, eben alles schälen, was sich nicht nur mit einer Gemüsebürste bearbeiten lässt.

Gemüsespaghettimaschine

Unter dem Namen Spirali können Sie eine Gemüsespaghettimaschine erwerben, mit der Sie Kohlrabi, Kartoffeln, Karotten oder auch Zucchini blitzschnell zu dünnen Spiralis verarbeiten können. So entstehen sehr lange, dünne Fäden, die das Aroma des Gemüses besonders gut zur Geltung bringen. Gerade wenn Sie Kinder haben, lohnt sich die Anschaffung, denn so schlagen selbst kleine Gemüsemuffel gern richtig zu.

Milchaufschäumer

Vielleicht haben Sie sich auch einen Milchaufschäumer zugelegt oder geschenkt bekommen, als vor einigen Jahren das Cappuccinofieber ausbrach und jeder Haushalt plötzlich eine Espressomaschine oder wenigstens einen Milchaufschäumer besitzen musste. Bei mir jedenfalls lag er seit Jahren in der Schublade, bis ich entdeckte, dass er sich wunderbar zur Herstellung von Dressings, aber auch von anderen Saucen eignet. Die Saucenbestandteile vermengen sich mithilfe dieses Gerätes viel besser, als wenn Sie das von Hand versuchen, und es entsteht dabei ein kleiner Schaum, der Saucen so gourmetartig aussehen lässt. Mit dem Milchaufschäumer gelingt dies binnen weniger Sekunden.

Leckere basische **Aufstriche**

Avocadoaufstrich

20 Basenpunkte | 2 Personen | 5 Min.

2 reife Avocados
Saft von ½ Zitrone
2 EL Sesamsalz
1 Schale frische Kresse

• • •

Avocados schälen, den Kern herausnehmen und das Fruchtfleisch mit der Gabel zerdrücken. — Die Zitrone auspressen und mit dem Sesamsalz und der Kresse unter das Fruchtfleisch mischen.

VARIANTE Die Creme passt auch wunderbar zu Pellkartoffeln.

Grüne Oliven- Tapenade

20 Basenpunkte | 2 Personen | 5 Min.

2 Handvoll grüne Oliven, ohne Kern
125 ml kaltgepresstes Olivenöl
etwas Salz
schwarzer Pfeffer

• • •

Die Zutaten in einen Mixer geben und zerkleinern.

TIPP Eine herrliche und gesunde Bereicherung des Büffets für Ihre Gäste oder für Ihren Grillabend! Meine Gäste lieben dieses Rezept.

Tomatenstreich

20 Basenpunkte | 2 Personen | 5 Min.

50 g getrocknete in Öl eingelegte Tomaten
50 g Zedernüsse
etwas Oregano
wenig Salz
schwarzer Pfeffer

• • •

Die Zutaten in einen Mixer geben und zerkleinern.

Basischer Rübli-Aufstrich

20 Basenpunkte | 2 Personen | 15 Min.

2 Karotten
1 Apfel
2 EL Hanfsamen
1 Scheibe frischer Ingwer
1 Prise Kreuzkümmel
1 TL Currypulver
Salz
schwarzer Pfeffer

• • •

Karotten in grobe Stücke schneiden und im Gemüsedämpfer dünsten. Gemeinsam mit Apfelstücken, Hanfsamen, Ingwer und Gewürzen im Mixer zerkleinern. — Den Rübli-Aufstrich nochmals abschmecken und in ein Glas zum Aufbewahren geben.

Mixer

Die meisten Küchenmaschinen verfügen über einen Mixeraufsatz. Er ist zum Herstellen von Fruchtsmoothies und -shakes unentbehrlich und darüber hinaus eine gute Alternative, wenn Sie keinen Entsafter haben. Ein Mixer kann nur relativ weiche Früchte wie Bananen, Kiwi, Mango, Ananas, alle Beerenarten, Pflaumen, Kirschen und Pfirsiche zerkleinern, aber das ist ja schon eine ganze Menge. Sie können mit einem Mixer auch Suppen pürieren, wenn Sie keinen Pürierstab haben.

Pürierstab

Dieses nützliche Küchengerät möchte ich nicht mehr missen, denn ich bin leidenschaftliche Suppenesserin – auch meine Söhne lieben sie. Und mit dem Pürierstab (Zauberstab) lässt sich jede Gemüsesuppe fix in eine Gemüsecremesuppe verwandeln. Übrigens: Wussten Sie, dass sich die Bezeichnung »Gemüsecremesuppe« nicht auf den Sahnegehalt der Suppe bezieht, sondern eine Suppe bezeichnet, die püriert ist? Das heißt, laut Brockhaus ist eine Gemüsecremesuppe eine reine pürierte Gemüsesuppe ohne weitere Zutaten, eine rein basische also. Die Anschaffung eines Pürierstabs lohnt sich also auf jeden Fall.

Im Rezeptteil dieses Buches und in unseren Basenfastenbüchern finden Sie jede Menge Ideen für Gemüsecremesuppen ohne Sahne. Sie dürfen natürlich auch mal einen Klecks Crème fraîche dazugeben. (Da dies ein Säurebildner ist, verliert das Rezept damit allerdings 1 Basenpunkt.)

Scharfe, glatte Messer

Schonende Zubereitung von Gemüse fängt beim Schneiden an. Mit scharfen und glatten Messern bleiben die meisten Vitalstoffe erhalten, denn es werden dadurch nur wenig Pflanzenzellen, die die wertvollen Nährstoffe enthalten, verletzt. Messer aus Keramik schneiden am allerbesten und verhindern, dass Gemüse mit Metallionen der sonst üblichen Messer in Verbindung kommen. Lediglich wenn Sie Kinder im Haushalt haben, sollten Sie vorsichtig sein, denn Keramikmesser zerbrechen, wenn sie auf den Boden fallen. Ich hüte meines immer wie meinen Augapfel, wasche es immer gleich wieder von Hand ab und lasse es in einer Schublade verschwinden. Egal, welche Messer Sie haben – schleifen Sie sie regelmäßig, damit sie scharf bleiben. Keramikmesser gibt es unter anderem bei Keimling (www.keimling.de).

Trüffelhobel

Ein Trüffelhobel ist wie Trüffel ein Luxusartikel. Sie müssen ihn nicht anschaffen. Er ist dann sinnvoll, wenn Sie gern Gemüsecarpaccios essen. Denn mit ihm lassen sich Pilze, Kohlrabi, Rettich, Navets-Rübchen, Karotten, Radieschen und Rote Bete im Nu in hauchdünne Scheiben schneiden. Sie werden feststellen, dass dies das Aroma der Gemüse verfeinert. Sie können mit dem Trüffelhobel, der aus Edelstahl ist, die gewünschte Dicke der zu schneidenden Scheiben einstellen – von hauchdünn bis so grob wie bei einer herkömmlichen Gemüsereibe. Alternativ können Sie ein Carpaccio immer auch mit einer Gemüsereibe herstellen – wenn Sie nicht so viel Wert auf extrafeines Gemüsearoma legen.

Zitruspresse

Für das basische Salatdressing und für das basische Müsli benötigen Sie Zitronen-, Mandarinen- oder Orangensaft – mit einer einfachen Zitruspresse ausgepresst. Aber welcher Haushalt hat die nicht? Es gibt auch schicke elektrische Zitruspressen – aber das muss gar nicht sein. Ich habe eine einfache aus Glas und eine aus Edelstahl. Sie sind leicht zu handhaben und blitzschnell wieder sauber.

Basisch essen außer Haus

Wenn Sie berufstätig sind, müssen Sie auf eine gesunde Ernährung nicht verzichten. Nehmen Sie sich Ihren Salat oder Ihr basisches Müsli mit zur Arbeit und achten Sie vor allem darauf, immer einen Vorrat an basischen Naschereien griffbereit zu haben – für den kleinen Hunger. Für die Lust auf Deftiges sind Oliven oder einfach ein in heißem Wasser aufgelöster Gemüsebrühwürfel sehr hilfreich.

Wie sieht es nun aus mit einem süßen Teilchen am Nachmittag? Mit einem kleinen Schokoriegel oder einem Stückchen Kuchen? Auch hier gilt: Es kommt auf die Menge an. Jeden Tag ein Stück Kuchen, dazu ein Kaffee, davor ein Putenbrustbrötchen – das ist zu viel. Einmal die Woche – Samstag oder Sonntag – ein süßes Teilchen ist völlig in Ordnung.

Wenn Ihre Kollegin Geburtstag feiert und jedem was »Saures« mitbringt – feiern Sie einfach mit. Abends gibt es dafür nur eine Gemüsebrühe oder drei bis vier Pellkartoffeln mit Butter – und schon haben Sie den Säure-Basen-Haushalt wieder ausgeglichen. Denken Sie nie: Ach, jetzt habe ich heute Mittag schon gesündigt, jetzt kommt es darauf auch nicht mehr an – das sind für die Gesundheit und für die Figur gefährliche Gedankengänge.

Basische Snacks für Zwischendurch

Bevor Ihre Lust auf Süßes gleich mit Schokolade gestillt wird, sollten Sie mal gesunde Snacks probieren: Cashews, Mandeln, Pistazien, Rosinen, getrocknete schockgefrostete Ananas, getrocknete Papayas, getrocknete Apfelringe, Datteln oder Softfeigen. Lecker, basenreich und gesund.

Basenreiche Snacks für vormittags:

— Trockenobst oder Obst der Saison
— Nüsse
— Studentenfutter
— etwas Rohkost
— Joghurt mit Erdmandelflocken oder Mandelmus
— Gemüsesaft
— Quark mit Honig

Basenreiche Snacks für nachmittags:

— Nüsse
— Oliven
— Studentenfutter
— 1 Tasse Gemüsebrühe
— Joghurt mit Erdmandelflocken oder Mandelmus

Basenreich im Restaurant speisen

Die Möglichkeiten von Restaurants, Säurebildner in das Essen zu schmuggeln, sind nahezu unerschöpflich: Da bestellt man grüne Bohnen und sie werden im Speckmantel serviert. Biorestaurants legen meist Wert auf große Gemüseportionen. Sie bekommen dort oft auch feine Getreidegerichte mit Hirse, Mais, Dinkel oder Grünkern. Essen Sie davor einen knackigen Salat und schon sind Sie auf der basenreichen Seite. Doch auch in »normalen« Restaurants können Sie Säuren ausgleichen. Achten Sie einfach darauf, einen großen Salat- und Gemüseanteil mitzubestellen. Wenn Sie sich mal wieder eine Pizza gönnen möchten, dann wählen Sie doch eine mit gegrilltem Gemüse oder frischen Tomaten anstatt mit Meeresfrüchten oder Schinken. Und vorher gibt's einen gemischten Salat (ohne Thunfisch) anstatt eines Vitello tonnato.

Sie sehen: Wenn Sie ein bisschen Maß halten im Restaurant, können Sie durchaus regelmäßig essen gehen, ohne dabei total aus der Balance zu geraten. In einem guten Restaurant wird man immer bemüht sein, Ihre Wünsche zu erfüllen. Und wenn Sie vom Kellner die brummelige Antwort erhalten: »Es gibt nur, was auf der Karte steht!«, dann vergessen Sie das Lokal – und gehen Sie dorthin, wo man Ihren Wünschen gern nachkommt.

Richtig brunchen

Sie sind mal wieder zum Brunch eingeladen und denken sich: »Mein Gott, alles Säurebildner und die Pfunde, die ich bei meiner letzten Basenfastenwoche losgeworden bin, stehen schon wieder in den Startlöchern ...« Dabei ist ein Brunch eigentlich optimal. Sie können sich frei bedienen und müssen nicht alles auf den Teller laden, was angeboten wird. Und: Ihre Mitbruncher sind meist so mit Essen beschäftigt, dass sie gar nicht merken, wenn Sie die eine oder andere Säurebombe links liegen lassen.

Hier können Sie bedenkenlos zugreifen:

— Obst – als Vorspeise
— Blattsalate
— Salate aus Gemüse, roh oder gekocht
— Sprossen, Kräuter, Nüsse für den Salat
— Antipasti aus Gemüse
— Oliven
— Rohkost mit oder ohne Dip
— gekochtes Gemüse – wenn es frisch zubereitet ist
— Kartoffeln

Und die Säurebildner? Picken Sie sich gezielt einige wenige, zu verlockend aussehende Säurebildner als »Amuse-Bouche« heraus und genießen Sie diese mit gutem Gewissen, denn Sie essen ja eine Menge Basenbildner dazu.

Tipps für eine basenreiche Küche

Wenn Sie Ihr Leben basenreicher gestalten wollen, ist die richtige Auswahl der Nahrungsmittel das A und O. Doch auch die Art und Weise, wie Sie Ihre Lebensmittel zu sich nehmen, ist entscheidend dafür, wie gut sie Ihnen und Ihrer Gesundheit tun.

Gründlich kauen

Runterwürgen und andere schlechte Essgewohnheiten sind sehr ungünstig! Gutes Kauen ist gar nicht so schwer. Probieren Sie es aus mit einem dünnen Apfelschnitz, der 2 cm dick ist: Sie sollten ihn mindestens 30-mal kauen. Fortgeschrittene schaffen 60- bis 80-mal! Nehmen Sie immer nur kleine Portionen in den Mund – so fällt das gute Kauen leichter. Damit erreichen Sie, dass Sie nicht nur schneller satt werden und damit weniger essen, sondern auch die wertvollen Nährstoffe aus der Nahrung optimal aufgenommen werden können.

Nur reifes Obst und Gemüse sind wirklich basisch

Unreifes Obst und Gemüse werden nicht basisch verstoffwechselt und können bei Menschen mit empfindlichem Magen und Darm leicht zu Blähungen und Bauchweh führen. Leider wird diese Tatsache selten beachtet. In den Supermärkten liegt nicht selten unreifes und basenarmes Obst und Gemüse zur Auswahl. Achten Sie unbedingt darauf, dass Sie reifes Obst und Gemüse kaufen und verzehren.

Essen Sie mehr Salat und Gemüse als Obst

In Salat, Kräutern, Sprossen und Gemüse sind so viele Vitalstoffe drin, die Sie aus Obst allein nicht erhalten. Es ist wichtig, mengenmäßig deutlich mehr Salate und Gemüse zu verzehren als Obst.

Daher empfehlen wir bei der täglichen Nahrungsaufnahme einen Obstanteil von maximal 20 % pro Tag und einen Gemüseanteil von 80 %.

Die Obstmahlzeit sollte dabei in den Vormittag fallen, die Gemüsemahlzeiten in die Mittagszeit und den Abend. Warum ist das so wichtig? Obst enthält viel Zucker, viel Wasser und wird dadurch auch schneller durch die Verdauungswege geschleust als Gemüse. Trifft das Obst im Darm auf noch nicht verdautes Gemüse, fängt das Obst an zu gären. Die Gärung erzeugt Blähungen, unter deren unangenehmen Auswirkungen viele Menschen leiden. Das ist insbesondere dann der Fall, wenn die Bakterienzusammensetzung im Darm nicht in Ordnung ist.

Saisonal essen

Der jahreszeitliche Bezug zu Nahrungsmitteln ist den meisten Menschen verloren gegangen. Kein Wunder, denn wir können immer alles bekommen. Wenn Sie unsicher sind, welches heimische Obst und Gemüse gerade Saison hat, schauen Sie in die Saisontabellen am Ende dieses Buches. Kaufen Sie in Zukunft viel auf dem Wochenmarkt bei einem Händler aus der Region ein. Das ist gut für die Gesundheit und für den Geldbeutel.

Bevorzugen Sie regionale Lebensmittel

Regionale Lebensmittel haben den Vorteil, dass die Transportwege kurz sind und die Chance, dass sie reif geliefert werden, damit größer ist. Leider sind kurze Transportwege keine Garantie für reifes Obst und Gemüse, weshalb Sie beim Einkaufen immer gut prüfen sollten, ob die Ware auch ausgereift ist. Ein positiver Nebeneffekt der kurzen Transportwege ist die niedrigere Belastung der Umwelt. Manchmal lässt es sich dennoch nicht vermeiden, importierte Lebensmittel zu kaufen, besonders im Winter.

Wenn Sie gegen Ende des Winters immer mehr Lust auf etwas Frisches verspüren, etwa auf eine saftige Ananas oder eine Maracuja, dann gönnen Sie sie sich – ohne schlechtes Gewissen. Wichtig ist, dass Sie Früchte kaufen, die wirklich reif und saftig sind.

Möglichst Bio

Inzwischen führt jeder Supermarkt eine eigene Biomarke, denn Bio ist populär geworden. Um wirklich sicherzugehen, dass Sie ein hochwertiges Bioprodukt habe, das nicht nur die Mindestanforderungen erfüllt, sollten Sie auf die Auszeichnung achten. Bereits mit dem EU-Bio-Siegel sind solche Gefahren deutlich reduziert. Wirklich streng handhabt es Demeter, ein Bioverband der ersten Stunde (www.demeter.de). Dennoch ist es nicht zu vermeiden, dass auch schwarze Schafe auftauchen, die von Profitgier bestimmt sind. So werden konventionelle Obstkisten eben mal über Nacht zu Bio. Oder es werden doch verbotene Pestizide eingesetzt. Hier gilt: Mit steigender Nachfrage nach Bio mehrt sich auch die Gefahr, dass Einzelne damit Schindluder treiben. Das sollte Sie nicht davon abhalten, Bio zu bevorzugen. Und schlussendlich das beste Argument für Bio: der Geschmack!

Richtig essen, wenn es draußen kalt ist

Günstig sind:

- Karotten
- Pastinaken
- Petersilienwurzeln
- Rote Bete
- Sellerie
- Kohl
- Mangold
- Kartoffeln
- Äpfel
- Bananen
- Trockenobst

Ungünstig bei Kälte sind:

- Tomaten
- Paprika
- Gurken
- Auberginen
- Zucchini
- Melonen
- Beeren
- Zitrusfrüchte

Rohkost nur essen, wenn Sie diese gut vertragen

Wenn Sie über eine gute Verdauung verfügen und nicht so leicht von Blähungen geplagt werden, ist Rohkost eine gesunde Sache, denn darin sind die meisten Vitalstoffe enthalten – sofern das Gemüse reif ist und aus biologischem Anbau stammt. Die heutigen Därme sind zu verwöhnt von industriell vorgefertigter Kost, sodass viele Menschen zunehmend Bauchschmerzen, Blähungen oder gar Schlafstörungen davon bekommen. Wenn Sie Rohkost bislang gescheut haben, sollten Sie nicht von einem auf den anderen Tag damit beginnen.

Essen Sie morgens Ihr Obst, wenn Sie es vertragen, auch mittags einen Rohkostsalat und abends dann keine Rohkost mehr. Übrigens ist Rohkost auch für Menschen, die einen geschwächten Nierenmeridian haben – Symptome wie kalte Hände und kalte Füße –, schwierig. Oft spüren diese Menschen das und essen von sich aus eher eine wärmende Suppe als eine kalte Karotte.

Vermeiden Sie Rohkost nach 14 Uhr

Wie gut oder schlecht auch immer Sie Rohkost vertragen, nach 14 Uhr sollten Sie darauf verzichten, denn danach und vor allem am Abend ist sie bei fast allen Menschen schlechter verträglich. Das hängt mit dem Leberrhythmus zusammen, da die Leber sich nach 14 Uhr mit ihrer internen Entgiftungsarbeit beschäftigt. Diese Entgiftungsarbeit dauert die ganze Nacht an. Die Leber baut in dieser Zeit Stoffe um in solche, die der Organismus für seine Funktionen benötigt. Die daraus entstehenden Abfälle, das heißt verbrauchte saure Stoffwechselabbauprodukte, werden am nächsten Morgen meist mit dem Urin ausgeschieden, weshalb der Urin morgens auch immer ein wenig saurer ist. Vermeiden Sie auch, Rohkost nach einer gekochten Kost zu essen. Die Verdauungszeiten von Rohkost, vor allem Obst, und Gekochtem sind verschieden und es kann so leicht zu Blähungen kommen.

Am Abend gilt: wenig und früh essen!

Nicht nur was Sie essen, sondern auch wann Sie es essen, ist für Ihre Gesundheit wichtig. Alles, was Sie nach 18 Uhr essen, belastet Ihren Verdauungsapparat, insbesondere die Leber. Sie setzen leichter Fett an und der Schlaf ist weniger erholsam. Wenn Sie gesund und schlank bleiben wollen, ist es wichtig, dass Sie Ihr Abendessen nur ausnahmsweise später zu sich nehmen.

Wenn Sie erst spät von der Arbeit nach Hause kommen, sollten Sie sich angewöhnen, nur eine Kleinigkeit zu essen, etwa eine Gemüsebrühe oder -suppe bzw. einige Kartoffeln mit Pesto.

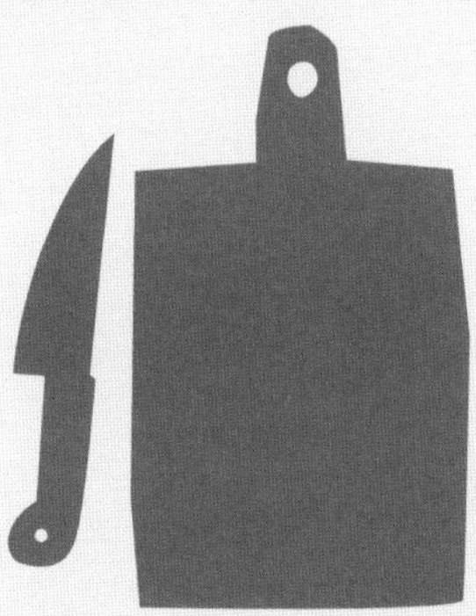

Bevorzugen Sie Frischkost

Ursprünglich hat man Speisen durch Kochen oder Einlegen haltbar gemacht, weil man in der Erntezeit im Herbst nicht alles essen konnte, was die Natur bietet, und im Winter dafür nur lagerfähiges Wurzelgemüse zur Verfügung hatte. Dagegen ist auch nichts zu sagen. Wenn Sie allerdings Wert darauf legen, viele Vitalstoffe mit Ihrer Nahrung aufzunehmen, sollten Sie frische Waren verzehren – insbesondere frisches Obst und Gemüse.

Lassen Sie doch einfach die Lebensmittel, wie sie sind, und essen Sie weniger davon!

Auch Tiefkühlkost ist für mich keine echte Alternative zu frischem Gemüse. Es schmeckt einfach nicht so gut. Ich finde auch Tiefkühlfisch nicht so toll. Dennoch muss es manchmal schnell gehen und man hat einfach keine Zeit, um Gemüse zu schälen.

Schonend zubereiten:

Die schonendste Art der Gemüsezubereitung ist Dämpfen und Dünsten – bis das Gemüse »al dente«, also zum Reinbeißen, ist. Anbraten sollten Sie so wenig wie möglich und wenn, dann nur kurz. Je länger Gemüse gekocht oder gedünstet wird, umso wertloser wird es für unseren Körper. Eine Möglichkeit, Gemüse schonend zu garen, ist der Gemüsedämpfer, ein Edelstahltopf mit einem Siebeinsatz, in dem das Gemüse im Dampf gegart wird. Dadurch, dass das Gemüse nicht im Wasser schwimmt, werden keine Mineralien ausgeschwemmt und das Gemüsearoma ist intensiver.

Basenfasten und basenreich essen: die **Unterschiede**

Das Basenfasten ist – genau wie anderes Heilfasten auch – eine Methode, den Körper während einer begrenzten Zeitdauer tiefgreifend zu entlasten und zu entgiften. Beim Bastenfasten wird daher auf sämtliche Säurebildner, auch die gesunden wie Vollkornprodukte und Hülsenfrüchte, verzichtet. Das Basenfasten wird kurmäßig angewendet. Meist dauert es 1–2 Wochen, aber es kann auch mehrere Wochen anhalten, z. B. wenn es darum geht, Gesundheitsbeschwerden zu bessern oder Gewicht zu verlieren. Auch einzelne Basenfastentage, die z. B. wöchentlich eingelegt werden, sind super, um den Körper wieder in Richtung Säure-Basen-Gleichgewicht zu bringen.

Wichtig ist festzuhalten, dass es sich beim Basenfasten um eine zeitlich begrenzte Ernährung handelt. Es ist nicht als Dauerernährung konzipiert.

Beim Basenfasten ernährt man sich zu 100 % basisch. Erlaubt sind also ausschließlich Basenbildner wie Obst und Gemüse, Keimlinge, Öle und einige Nusssorten. In dieser Zeit hat Ihr Körper die Möglichkeit, sich von den vielen sauren Essensgewohnheiten zu entlasten und sich wieder ein Stück weit wohler zu fühlen.

Basenreich zu essen, ist die ideale Dauerernährung

Im Gegensatz dazu ist die basenreiche Ernährung, so wie sie in diesem Buch beschrieben wird, die ideale Dauerernährung. Während beim Basenfasten ausschließlich Basenbildner auf den Tisch kommen, darf es dagegen bei der basenreichen Ernährung schon ein wenig mehr sein. Denn die alltägliche Ernährung sollte ausgewogen und vollwertig sein. Dazu gehören auch wieder Säurebildner auf Ihren Speiseplan, auf die Sie während des Basenfastens komplett verzichtet haben. Denn auch Säurebildner liefern uns trotz ihrer Säurewirkungen gesunde Inhaltsstoffe, die langfristig auf keinen Fall fehlen dürfen.

Denn wir brauchen auch Proteine, selbst wenn daraus Säuren entstehen. Wenn Sie Ihre Säure-Basen-Bilanz dauerhaft auf der gesunden, also basischen Seite halten wollen, sollten Sie sich so ernähren, dass beim täglichen Essen und Trinken in der Bilanz immer ein Basenüberschuss entsteht. Dazu dient die 80:20-Regel, die besagt dass man sich täglich von 80 % Basenbildnern und 20 % – möglichst guten – Säurebildner ernährt.

Basenfasten als Einstieg in eine gesündere Lebensweise

Eine Basenfasten-Kur ist der ideale Einstieg für eine basenreiche Ernährungsweise. Denn mit dem Basenfasten entdecken Sie die bunte Vielfalt gesunder Lebensmittel, auf die Sie selbst nach der Kur nur noch ungern verzichten wollen. Das Basenfasten zeigt Ihnen, wie viel Geschmack die basische Küche zu bieten hat und dass eine ernährungsbewusste Lebensweise alles andere als nur Verzicht bedeutet. Außerdem können erfahrungsgemäß bereits 1–2 Wochen basenfasten dafür sorgen, dass Sie sich wieder wohler in Ihrem Körper fühlen, und diesen Erfolg können Sie dauerhaft sicherstellen, wenn Sie in Zukunft Ihre Ernährungsweise basenüberschüssig gestalten, so wie es in diesem Buch beschrieben wird.

Entlastung

Beim Basenfasten versorgen Sie den Körper ausschließlich mit einem breiten Angebot basischer Mineralstoffe und im Gegenzug wird die Zufuhr von Säurebildnern vermieden. So kann Ihr Körper erfahrungsgemäß am wirkungsvollsten entlastet werden. Denn gerade Nahrungsmittel, die viel Eiweiß, vor allem tierisches, enthalten, zählen zu den Säurebildnern.

Tierische Lebensmittel wie Fleisch oder Fisch besitzen zudem einen sehr hohen Gehalt an Purinen, denn Purine sind Bestandteil aller Körperzellen. Bei übermäßigem Verzehr purinreicher Lebensmittel tragen diese entscheidend zur Übersäuerung des Körpers bei. Die meisten Nahrungsmittel, die einen hohen Purinanteil aufweisen, sind somit zugleich Säurebildner. Zu viele Purine in der Nahrung sind deshalb so ungesund, weil sie zu Harnsäure abgebaut werden. Kann diese nicht ausreichend ausgeschieden werden, steigt der Harnsäurespiegel im Blut. Ab einer bestimmten Harnsäurekonzentration im Blut bilden sich Harnsäurekristalle, die sich in den Gelenken ablagern können und zu schmerzhaften Entzündungen führen: dem Gichtanfall. Auch viele Hülsenfrüchte sind purinreich und führen zur Harnsäurebildung. Während des Basenfastens sind Hülsenfrüchte als Säurebildner daher nicht erlaubt.

Neustart für den Geschmackssinn

Beim Basenfasten haben Sie zudem die Möglichkeit, Ihrem Geschmackssinn zu einem Neustart zu verhelfen. Gewürze und Salz werden während der Basenfasten-Kur nur sparsam eingesetzt, innerhalb dieser Zeit kann sich der Geschmackssinn wieder verfeinern. Dazu ist eine Woche Basenfasten natürlich optimal.
Es braucht etwas Zeit, um sich umzugewöhnen. Wer sich immer nur von säurelastiger Kost und viel Convenience-Food ernährt hat, dessen Geschmacksknospen sind eher eine starke Würze und künstliche Aromen gewohnt. Es muss also erstmal wieder neu erlernt werden, wie naturbelassenes Essen schmeckt.

Das funktioniert am besten, indem man den Geschmackssinn trainiert. Da Ihre Geschmacksnerven lernfähig sind, schmecken Ihnen die Speisen nach einer Woche Basenfasten genauso gut, nur mit weniger Salz. Die Geschmacksnerven reagieren dann wieder viel empfindlicher auf Salz, Zucker oder künstliche Aromen und Ihnen werden in Zukunft schon kleine Mengen davon ausreichen. Diese Gewohnheit werden Sie schlecht in kurzer Zeit ablegen können, aber eine Woche Basenfasten sind schon mal ein guter Anfang, um in die leckere Obst- und Gemüsewelt hineinzuschnuppern.

Mit der Zeit lernen Sie dann den neuen, gesunden Geschmack durchaus zu schätzen. Daher ist das Basenfasten auch geschmacklich ein idealer Einstieg für die langfristige basenreiche Ernährung. Jedes gedünstete Gemüse hat seine eigenen, oft sehr feinen Aromen und Geschmacksnuancen, die sich nur wahrnehmen und genießen lassen, wenn die Sinne nicht mehr so abgestumpft sind.

Die folgende Tabelle zeigt die Unterschiede zwischen basenfasten und basisch essen noch einmal im Überblick.

Basenfasten und basenreich essen auf einen Blick

	Basenfasten	basenreich essen
Zeitdauer	kurmäßig: meist 1–2 Wochen auch mehrere Wochen möglich oder einzelne Bastenfastentage zur Entlastung	Dauerernährung für die alltägliche gesunde Lebensweise
Basenbildner = alles, was der Körper zu Basen verstoffwechseln kann, wie: – fast alle reifen Obst- und Gemüsesorten, frische Kräuter, Samen und frische Keimlinge – Mandeln, Walnüsse, Paranüsse und Zedernüsse	100 % basische Ernährung	80 % basische Ernährung
gute Säurebildner wie: – Vollkorngetreide, auch Pseudogetreide – Hülsenfrüchte: Linsen, Bohnen, Mungobohnen, Adzukibohnen, Sojabohnen, Kichererbsen – Cashewkerne, Pecannüsse, Haselnüsse, Pinienkerne, Erdnüsse – Sojaprodukte – Artischocken, Spargel, Rosenkohl	Nein, auch wenn es gute Säurebildner sind, sollten sie beim Basenfasten nicht gegessen werden.	ja, rund 20 % der täglichen Ernährung
schlechte Säurebildner wie: – tierisches Eiweiß (Fleisch-, Fisch- und Milchprodukte, Eier) – Zucker und alle zuckerhaltigen Lebensmittel – Weißmehl und alle Weißmehlprodukte	Auch schlechte Säurebildner haben beim Basenfasten nichts zu suchen.	**Tierisches Eiweiß:** – Gerichte mit Fisch oder Eiern dürfen gern 1–3 pro Woche im Rahmen einer ausgewogenen Ernährung auf den Tisch. Wer keinen Fisch mag, kann auch 1–3 pro Woche Mahlzeiten mit Fleisch essen. Fleisch und Fisch müssen aber nicht sein, es geht auch ohne! – Milchprodukte wie Naturjoghurt oder Quark oder können jeden zweiten Tag dabei sein. Pure Milch ist überflüssig. **Zucker und alle zuckerhaltigen Lebensmittel:** am besten gar nicht! **Weißmehl und alle Weißmehlprodukte:** am besten gar nicht!

	Basenfasten	basenreich essen
Trinken	Wasser durchspült die Lymphe und die Nieren und nur so können unerwünschte Stoffe den Körper auch verlassen: – Trinken Sie 2–3 Liter Quellwasser pro Tag, je nach Jahreszeit warm oder kalt. – Auch stark verdünnte Kräutertees oder Ingwertee mit frischem Ingwer sind ein ideales Getränk.	– Quellwasser, Kräutertee und Ingwerwasser sind auch dauerhaft die besten Durstlöscher. – Grüner und weißer Tee gehören zu den guten Säurebildnern und dürfen daher gern in Maßen (1–2 Tassen/Tag) getrunken werden. – Kaffee, Espresso und schwarzer Tee sind schlechte Säurebildner: Falls Sie darauf nicht verzichten mögen, genehmigen Sie sich 1 bis max. 2 Tassen pro Tag und sorgen Sie möglichst für reichlich basischen Ausgleich. – Softdrinks und Cola: wenn möglich, komplett meiden. – Alkohol: wenn überhaupt, nur zu seltenen, besonderen Gelegenheiten.
Bewegung	Tägliche Bewegung sollte eigentlich etwas Selbstverständliches sein, nicht nur in der Basenfastenzeit! Suchen Sie sich eine Sportart aus, die Sie auch wirklich auf Dauer ausüben wollen und können, und wenn es nur 30 Minuten Gymnastik oder Pilates zu Hause sind. Bewegen Sie sich – und zwar täglich!	
Erholung	Sie können den Basenfasteneffekt toppen, indem Sie in diese Zeit viele Erholungsinseln einbauen. Durch ausreichende Erholung entsäuern und entgiften Sie Ihren Organismus. Die beste Erholung bekommen Sie im nächtlichen Schlaf – vor 24 Uhr. Hier sorgen der Stoffwechsel und die Leber für die Entgiftung, die Haut und das Nervensystem erholen sich vom Tagesstress.	Im alltäglichen Leben auf ausreichend Schlaf und regelmäßige Entspannungszeiten zu achten, ist eine Grundvoraussetzung zur Gesunderhaltung. Anhaltender Stress macht im wahrsten Sinne des Wortes sauer!
Darmreinigung	Auch wenn Sie eine tadellose Verdauung haben – Darmreinigung gehört zum Basenfasten. Der Stoffwechsel wird durchs Basenfasten angeregt, bereits eingelagerte Säuren zu mobilisieren, die nun ausgeschieden werden müssen. Helfen Sie Ihrem Darm ein wenig mit Glaubersalz, mit Einläufen oder mit Colon-Hydro-Therapie dabei. Während der 1–2 Basenfastenwochen sollte der Darm alle 2–3 Tage gereinigt werden.	Bei normaler Verdauung ist keine spezielle Darmreinigung erforderlich.

BASISCH

Die Rezepte

Genießen und dabei Basenpunkte sammeln

Wenn Sie gerade erst damit anfangen, sich basenreicher zu ernähren, fehlt Ihnen vielleicht noch das Gefühl dafür, welche Lebensmittel basenreich sind und wie sich ein ideales Mengenverhältnis von Säure- und Basenbildnern in der täglichen Ernährung erreichen lässt. Deshalb wurde jedes Rezept mit Basenpunkten versehen. Dabei bedeuten 20 Basenpunkte, dass es sich um ein 100% basisches Gericht handelt. Hat das Rezept z. B. nur 15 Basenpunkte, sind gute Säurebildner enthalten, wie Vollkorngetreide oder Hülsenfrüchte, die mit 5 »sauren Punkten« zu Buche schlagen. So bekommen Sie ohne große Rechnerei ein gutes Gefühl dafür, wie basenreich Ihre Ernährung ist. Und das reicht vollkommen aus.

Eine ganz genaue Berechnung des Säuregrad eines Lebensmittels ist mit den derzeitigen Formeln ohnehin nicht möglich – und auch nicht nötig. Je nach Sorte und Reifezustand der verwendeten Obst- oder Gemüsesorte variiert zudem auch der Säuregrad.

Die 80:20-Regel für basenreiche Ernährung

Die 80:20-Regel für basenreiche Ernährung besagt, dass täglich 80% Basenbildner und 20% – möglichst gute! – Säurebildner auf den Tisch kommen sollten:

- Wenn Sie am Tag 4 Rezepte mit je 20 Basenpunkten verwenden, kommen Sie auf 80 Basenpunkte und hätten bei Bedarf noch 20 Säurepunkte frei.
- Rechnen Sie pro Tasse Espresso 5 Säurepunkte, pro Becher gesüßter Kaffee/Milchkaffee 10 Säurepunkte, pro Glas Limo/Cola 10 Säurepunkte und pro Glas Alkohol ebenfalls 10 Säurepunkte.
- Mit einem Milchkaffee am Morgen oder einem Glas Wein am Abend »verbrauchen« Sie also schon die Hälfte Ihres gesamten »Säurepuffers« für den Tag. Eine Portion Sahnequark »verbraucht« dagegen nur 2 Säurepunkte.

— Wenn Sie 4 Gerichte mit 18 Basenpunkten verputzen, haben Sie 72 Basenpunkte und 8 Säurepunkte auf Ihrem Konto. Da könnten Sie sich als Kaffeeliebhaber also noch 2 Espressi mit 2 × 5 oder einen Milchkaffee mit 10 Säurepunkten erlauben.
— Falls Sie aber morgens und vormittags Kaffee trinken und dann abends noch einige Gläser Wein leeren, können Sie die Säurelast selbst mit 100 % basischem Essen nicht ausgleichen. Das dürfte klar geworden sein.

Diese kleinen Rechenbeispiele sollten das Ganze nur veranschaulichen. Bitte verwenden Sie das Punktesystem nur als grobe Orientierung – denn so ist es gedacht. Penibles Punktezählen würde nur stressen – und macht sauer. Es geht lediglich darum, dass Sie einschätzen können, wie Sie das Säure-Basen-Gleichgewicht beeinflussen können.

Und wenn Sie wie ich gern einen Espresso trinken, dann essen Sie etwas weniger Brot oder Käse oder Fleisch, dafür mehr Gemüse – damit Sie nicht über 20–30 Säurepunkte am Tag kommen.

Beispiel für einen idealen basenreichen Tag:
— **Frühstück:** Basisches Müsli – 20 Basenpunkte, dazu: Kräutertee
— **Mittagessen:** Bataviasalat mit frischer Kresse und Karottenraspeln – 20 Basenpunkte
— **Danach:** Junger Spinat mit Polentaschnittchen – 18 Basenpunkte (und aufgrund der Polenta 2 Säurepunkte)
— **Abendessen:** Zucchinipfännchen mit Oliven und Schafskäse – 18 Basenpunkte (und aufgrund des Fetas 2 Säurepunkte)

Grundausstattung an basischen Lebensmitteln

Wenn Sie Ihr Leben basenreicher gestalten wollen, legen Sie sich am besten zunächst einen basischen Grundvorrat an. Die folgende Liste nennt Ihnen die basischen Lebensmittel, die Sie von nun an täglich oder zumindest häufig benötigen werden. Wenn Sie diese Grundausstattung im Haus haben, müssen Sie für die jeweiligen Rezepte nur noch wenige frische Zutaten einkaufen und haben immer einen basischen Snack – wie Mandeln oder Trockenfrüchte – zur Hand, wenn Sie der Hunger packt.
— reines Quellwasser, 20–25 Liter
— 1–2 Päckchen Kräutertee – ohne Früchte, Roibusch oder Aromen
— 2–3 Sorten kalt gepresste Öle – am besten Oliven- und Sonnenblumenöl
— Zitronen für das Salatdressing und für die Fruchtsalate
— 1 Päckchen Erdmandelflocken
— 1 Päckchen Wacker-Müsli
— 1 Glas Wacker Mousse – gekeimte Berglinse oder eine andere Sorte
— 1 Flasche Wacker Sauce
— 1 kleines Päckchen Mandelblättchen oder Mandelstifte
— 1 Päckchen geschälte oder ungeschälte Mandeln
— 1 kleines Glas Mandelmus – bitte ohne Honig
— 1 Glas Sesamsalz (Gomasio)
— 1 Päckchen Sesamsaat oder Ölsaatenmischung
— 1 Päckchen Bio-Sonnenblumenkerne
— Gewürze: schwarzer, weißer und bunter Pfeffer, Galgant, Kurkuma, Korianderkörner, Bockshornklee, Bohnenkraut, Schwarzkümmel, Liebstöckel
— 2 Päckchen Gemüsebrühe als Würfel oder in der Dose. Achten Sie darauf, dass die Gemüsebrühe keine Geschmacksverstärker wie Glutamat enthält.
— 1 Kilo Kartoffeln, verschiedene Sorten
— 1 Kilo Karotten
— Einige Schalotten und Gemüsezwiebeln. Sie können auch nur Gemüsezwiebeln kaufen.
— einige Bananen
— 2–3 Päckchen ungeschwefeltes Trockenobst nach Wahl, z.B. getrocknete Apfelringe, getrocknete Aprikosen, getrocknete Feigen
— 1 Glas schwarze, ungefärbte Oliven ohne Knoblauch und Essig
— 1 Glas grüne Oliven
— 1 Topf Glattpetersilie oder Schnittlauch für Ihre Salate – im Topf halten sich diese Kräuter länger frisch als in geschnittener Form
— je 1 Topf Basilikum, Rosmarin, Zitronenthymian oder Thymian für die Salate und für die Gemüsegerichte

Einige der Zutaten erhalten Sie auch ganz bequem nach Hause geliefert aus unserem Wacker-Shop www.basenfasten.de/shop/.

ZUM FRÜHSTÜCK

Südseesmoothie mit Mango

20 Basenpunkte | 2 Gläser | 7 Min.

2 sehr reife, weiche Mangos
1 reife Babyananas oder ½ reife Flugananas
2 EL Kokosflocken
einige Blättchen Mojitominze (wahlweise Pfefferminze)

• • •

Die Mangos schälen, das Fruchtfleisch vom Kern entfernen und die Mangostücke in den Mixer geben. — Ananasstücke und Kokosflocken dazugeben und alles mixen. Mit einigen Kokosflocken und der Mojitominze bestreut servieren.

VARIANTE Wenn es etwas reichhaltiger sein soll, geben Sie 10 Paranüsse und etwas Kokoswasser dazu. Damit versorgt dieser tropische Mix Sie auch mit Ihrem Tagesbedarf an antioxidativem Selen.

Mit Saft oder Smoothie in den Tag starten

Starten Sie in den Tag mit einem frisch gepressten Saft aus Obst und/oder aus Gemüse. Auch ein Smoothie aus frischem und reifem Obst der Saison liefert Ihnen Ihre erste Basenportion für den Tag und macht fit.

Denn der Vormittag ist die beste Tageszeit, um die tägliche Obstration zu verzehren. So haben Sie die erste basische Ration schon gegessen und starten mit einem deutlichen Basenüberschuss in den Tag. Ein frisch gepresster Saft am Morgen ist ein regelrechter Muntermacher. Doch denken Sie nun ja nicht, es sei egal, ob ein Saft aus der Flasche kommt oder ob er frisch gepresst ist. Ich persönlich liebe Karottensaft am liebsten mit Apfel gemischt, sofern er frisch gepresst ist. Aus der Flasche kann ich Karottensaft nicht ausstehen. Er schmeckt kein bisschen nach einer frischen Karotte. Wenn Sie in Ihrer Basennot dann doch mal auf ein Fertigprodukt zurückgreifen müssen, sollten Sie einen milchsauer vergorenen Gemüsesaft bevorzugen. Er hat den Vorteil, dass er jede Menge darmfreundliche Milchsäurebakterien enthält.

Süßer Obstsaft – nicht nur für Kinder

Wenn Sie zum Frühstück einen frisch gepressten Saft trinken, bedenken Sie bitte auch, dass es sich dabei um eine Mahlzeit handelt – kauen Sie den Saft, speicheln Sie ihn gut ein. So können die Vitamine und Mineralien besser aufgenommen werden.

Wenn Sie Kinder haben, ist die Anschaffung eines Entsafters wirklich eine Überlegung wert – Säfte trinken Kinder immer gern und es lässt sich auch mal eine sonst ungeliebte Karotte hineinmogeln. Frisch gepresste Säfte und Smoothies sind die beste Möglichkeit, Vitalstoffe und vor allem die wertvollen Bioaktivstoffe direkt aufzunehmen. Doch Entsafter sind nicht alle gleich – es sollte dann schon ein hochwertiger sein, der ohne viel Wärmeentwicklung arbeitet und gut entsaftet, sodass die Vitalstoffe wirklich im Saft sind. Ich empfehle genau zwei Geräte: Green Star und Champion. Billige Entsafter funktionieren mit Zentrifugalkraft, einer Art Schleudern, bei der mit bis zu 13.000 Umdrehungen pro Minute gearbeitet wird. Je weniger Umdrehungen der Entsafter benötigt, umso intensiver und besser schmeckt der Saft.

Und was ist mit meinem Frühstückskaffee?

Kaffee, egal ob gebrühter, ob Espresso oder Schonkaffeee, wirkt säurebildend. Auch er ist ein Genussmittel, auf das viele Menschen nicht verzichten wollen. Problematisch ist bei Kaffee der Puringehalt, weshalb der Espresso noch die beste Variante ist. Der gebrühte Kaffee, vor allem, wenn er stundenlang herumsteht, enthält alle ausgeschwemmten Purine. Das schnelle Verfahren der Espressozubereitung unter hohem Druck schwemmt weniger Purine aus. Auch ist Espresso magenverträglicher als Filterkaffee. Entkoffeinierte Kaffees sind Mogelpackungen. Ein Großteil des Koffeins wird in einem chemischen Verfahren herausgelöst – ein Teil Koffein bleibt erhalten –, dazu kommen die Chemikalien, die für das Entkoffeinieren nötig sind. Und: Wenn Sie gar Cappuccino trinken oder Milchkaffee, dann haben Sie einen zweiten Säurebildner dabei. Hier gilt: Wenn Kaffee, dann einen richtigen – am besten Espresso, und das ein- bis höchstens zweimal pro Tag.

Übrigens: Auch schwarzer, grüner oder weißer Tee sind säurebildende Getränke: Am besten beschränkt man diese auf 1–2 Tassen pro Tag.

Leckere Müslis, die satt machen

Als Müsli werden die unterschiedlichsten Frühstücksvarianten bezeichnet und jeder versteht etwas anderes darunter. Für manche ist es nur eine x-beliebige Flockenmischung plus Milch. Doch ein wenig anspruchsvoller und gesünder darf es schon sein. Es muss nicht immer mein klassisches Basenmüsli sein, aber es gibt viele leckere Varianten – sehen Sie selbst.

Die Basis des basenreichen Frühstücks – der Apfel

Sie finden in vielen der Rezeptvorschläge für das Frühstück einen Apfel als Grundzutat. Wenn Sie das langweilig finden, kennen Sie bislang nur die drei bis vier Sorten, die Sie im Supermarkt oder auf dem Markt gekauft haben. Golden Delicious, Jonagold und vielleicht auch Elstar – ein sehr leckerer Apfel. Aber kennen Sie auch Braeburn, Falstaff, Goldparmäne, Klarapfel, Topaz, Boskop, Florina, Rubinette und Idared? Man geht davon aus, dass es in Deutschland um die 2000 Apfelsorten gibt. Es lohnt sich daher, mal genauer hinzuschauen auf den Wochenmärkten – vor allem im Herbst. Tauchen Sie ein in die Apfelwelt und lassen Sie sich vom Geschmack überzeugen. Sie essen doch auch nicht immer dieselbe Käsesorte! Äpfel enthalten übrigens eine Menge Bioaktivstoffe wie Flavonoide, die entzündungshemmende und antioxidative Eigenschaften haben.

Und: Je nach Saison können Sie das Basenmüsli mit Apfel auch mit anderen Früchten der Saison ergänzen, z.B. mit Birnen, Pfirsichen oder Nektarinen.

Keine Milch im Müsli?

Nein, die finden Sie bei mir nicht, denn ich finde, die Milch ist kein wirklich empfehlenswertes Lebensmittel für Erwachsene. Wenn Sie gern mal einen Cappuccino trinken, dann tun Sie das, weil er Ihnen schmeckt, und rechnen Sie dafür 10 Säurepunkte auf Ihr Tageskonto. Kuhmilch wird in den gängigen Tabellen als leicht basenbildend eingestuft. Auf die Rohmilch trifft das auch zu. Handelsüblich sind jedoch pasteurisierte und H-Milch (ultrahocherhitzt). Beide Verfahren verändern die Milch chemisch und machen ihre Säurewirkung aus. Rohmilch, auch als Vorzugsmilch bekannt, gibt es in Biomarkt oder direkt beim Bauern. Auch Rohmilchprodukte wie Rohmilchkäse sind leicht basenbildend.

In manchen Rezepten verwende ich übrigens Naturjoghurt. Je nach Verträglichkeit oder Lust können Sie wählen, ob der Joghurt aus Ziegenmilch, Schafsmilch oder Kuhmilch ist. Wenn Sie es mögen, können Sie auch zu Sojajoghurt greifen. Es gibt aber mittlerweile auch viele pflanzliche Alternativen aus Nüssen, die Sie entweder mit einem Hochleistungsmixer selbst herstellen können oder bei denen Sie einfach beim Einkauf darauf achten, dass keine Aromazusätze oder Süßungsmittel zugesetzt wurden.

Peppen Sie Ihr Müsli auf!

Alle Nüsse, aber auch Sonnenblumenkerne und Hanfsamen, bereichern jedes Müsli. Trockenobstsorten eignen sich besonders für den Winter, wenn es keine gute Auswahl an frischem Obst gibt. Auch frisch gekeimte Quinoa-, Hirse- und Braunhirsesamen liefern Ihnen nicht nur in der kalten Jahreszeit eine Menge Vitalstoffe. Wenn es zeitlich mit dem Keimen nicht klappt, gibt es einige Sorten auch vorgekeimt und getrocknet – beispielsweise Hirse und Braunhirse, aber auch Buchweizen fix und fertig in: Wacker gekeimtes Müsli. Wenn es nicht 100% basisch sein soll, dürfen es auch mal Hirse-, Dinkel-, Hafer-, Roggen- oder Buchweizenflocken sein.

Muntermacher

20 Basenpunkte | 2 Gläser | 7 Min.

8 Äpfel
3 große Urkarotten (Betakarotten)
etwas Zitronenmelisse (vom Markt oder aus dem Garten)
1 EL gemahlene Mandeln
1 TL Leinöl

• • •

Die Äpfel waschen, das Kerngehäuse entfernen, die Äpfel in Schnitze schneiden und in den Entsafter geben. — Die Urkarotten mit der Gemüsebürste unter fließendem Wasser säubern und mit der gewaschenen Zitronenmelisse (einige Blättchen für die Deko zurückbehalten) in den Entsafter geben. — Gemahlene Mandeln und das Öl mit dem Saft vermischen. Mit einigen Blättchen Zitronenmelisse dekorieren.

< Kokos-Heidelbeer-Smoothie

Kokos-Heidelbeer-Smoothie

20 Basenpunkte | 2 Gläser | 7 Min.

1 kleine Schale Heidelbeeren
1 sehr reifer Pfirsich
2 reife Bananen
Saft von 1 kleinen Zitrone
1 EL Kokosflocken

• • •

Die Heidelbeeren waschen und abtropfen lassen. Den Pfirsich waschen, das Kerngehäuse entfernen und mit den Bananen und den Heidelbeeren mixen. — Zitronensaft und Kokosflocken zum Smoothie geben und vermischen.

TIPP Probieren Sie dieses Rezept auch mal mit weichen reifen Nektarinen anstelle von Pfirsich oder mit Kiwi.

Herbstkraft

20 Basenpunkte | 2 Gläser | 7 Min.

4 mittelgroße Äpfel
4 mittelgroße Karotten
2 große Quitten
1 Handvoll frische Walnüsse

• • •

Die Äpfel waschen, das Kerngehäuse entfernen, die Äpfel in Schnitze schneiden und in den Entsafter geben. — Die Karotten mit der Gemüsebürste unter fließendem Wasser säubern und in den Entsafter geben. — Die Quitten waschen und vorsichtig in Stücke schneiden, denn Quitten sind sehr hart. Die Walnüsse aufknacken und mit den Quitten in den Entsafter geben.

Frühlingsbote

20 Basenpunkte | 2 Gläser | 9 Min.

500 g reife Erdbeeren (Bio)
einige Blättchen frische Pfefferminze
2 reife Bananen
Saft von 1 kleinen Zitrone

• • •

Die Erdbeeren waschen, putzen und in den Mixer geben. — Die Minze waschen, mit den Bananen und den Erdbeeren im Mixer pürieren. — Die Zitrone auspressen und mit dem Shake vermischen.

Nussiger **Powersaft**

20 Basenpunkte | 2 Gläser | 7 Min.

2 süße Äpfel
1 Karotte
1 Schale schwarze Johannisbeeren
10 gehackte Paranüsse
1 TL Agavendicksaft

• • •

Die Äpfel waschen, das Kerngehäuse entfernen und die Äpfel in Schnitze schneiden. Die Karotten mit der Gemüsebürste unter fließendem Wasser säubern. — Johannisbeeren waschen und abtropfen lassen. Abwechselnd Apfelstücke, Beeren und Karottenstücke in den Entsafter geben. — Die Paranüsse mit in den Entsafter geben. Den Agavendicksaft unterrühren.

VARIANTE Der Saft schmeckt auch herrlich mit Jostabeeren – eine Kreuzung aus schwarzen Johannisbeeren und Stachelbeeren und superlecker. Im Juni findet man sie hin und wieder auf Wochenmärkten.

Williamsshake

20 Basenpunkte | 2 Gläser | 7 Min.

3 reife Birnen
2 reife Bananen
Saft von 1 Mandarine
1 TL geröstete Erdmandeln
1 EL Leinöl

• • •

Die Birnen waschen, Stiel und Kerngehäuse entfernen und zu den Bananen in den Mixer geben. — Den Mandarinensaft, die gerösteten Erdmandeln und das Leinöl zum Shake geben und vermischen.

Sommerlaune

20 Basenpunkte | **2 Gläser** | **5 Min.**

1 kleine Schale Himbeeren
2 weiche, reife Pfirsiche
2 Bananen
1 EL Kokosflocken

• • •

Die Himbeeren waschen, abtropfen lassen und in den Mixer geben. Die Pfirsiche waschen, entkernen und klein schneiden. — Die Bananen schälen, klein schneiden und dazugeben, mixen. Die Kokosflocken untermischen und einige über den fertigen Shake streuen.

Melonen-Chia-**Shake**

20 Basenpunkte | **2 Gläser** | **7 Min.**

1 Schale Himbeeren
1 mittelgroße reife Charantais-Melone (wahlweise eine reife Honigmelone)
2 EL Chiasamen
einige Blättchen Pfefferminze

• • •

Die Himbeeren waschen und abtropfen lassen. Einige Himbeeren für die Deko zur Seite legen. — Die Melone halbieren, die Kerne herausschaben, das Fruchtfleisch schälen und mit den Himbeeren im Mixer pürieren. — Danach die Chiasamen hinzugeben und kurz aufquellen lassen. Mit den zur Seite gelegten Himbeeren und Minzeblättchen dekoriert servieren.

Tropischer Drink

20 Basenpunkte | **2 Gläser** | **7 Min.**

1 Schale reife Brombeeren
1 reife Babyananas oder ½ reife Flugananas
1 TL gehackte Walnüsse
1 EL Kokosflocken

• • •

Die Brombeeren waschen, abtropfen lassen und in den Mixer geben. — Ananasstücke, Walnüsse und Kokosflocken dazugeben und alles mixen.

Johannisbeer-Smoothie

20 Basenpunkte | 2 Gläser | 7 Min.

4 reife Apfelbananen
250 g rote Johannisbeeren
1 TL geröstete Erdmandelflocken

• • •

Die Bananen schälen und in den Mixer geben. Die Johannisbeeren waschen, abzupfen, dazugeben. Die Erdmandelflocken hinzufügen und alles vermixen.

TIPP Apfelbananen sind kleine Bananen, die, wie der Name sagt, geschmacklich eine Mischung aus Banane und Apfel darstellen. Sie müssen unbedingt reif sein, damit ihr Aroma überhaupt zur Geltung kommt. Wenn die Schale erste braunschwarze Stellen aufweist, schmecken sie am besten. Sie sättigen durch ihren hohen Kohlenhydratanteil genauso gut wie herkömmliche Bananen.

Spätsommerlicher Stachelbeer-Smoothie

20 Basenpunkte | 2 Gläser | 5 Min.

1 Schale Stachelbeeren (gibt es im Spätsommer und im frühen Herbst auf Wochenmärkten)
2 Bananen
Saft von 1 Zitrone
1 EL Kokosflocken
1 EL gekeimte Braunhirse (getrocknet zu erhalten im Wacker Shop)

• • •

Die Stachelbeeren waschen, abtropfen lassen und mit den Bananen in den Mixer geben. — Die Zitrone auspressen und mit den Kokosflocken und der Braunhirse unter den Smoothie mischen. Mit Kokosflocken dekoriert servieren.

Frischer Mango-Smoothie

20 Basenpunkte | 2 Gläser | 5 Min.

2 sehr reife Mangos
1 Schale Heidelbeeren
einige Zitronenmelisseblätter
1 EL Chiasamen

• • •

Die Mangos schälen und das Fruchtfleisch in Stücken in den Mixer geben. — Die Heidelbeeren und die Zitronenmelisse waschen, abtropfen lassen und mit den Mangos vermixen. — Die Chiasamen hinzugeben, kurz aufquellen lassen und mit einigen Zitronenmelisseblättern dekorieren.

Spätsommerlicher Stachelbeer-Smoothie >

Nektarinen-**Smoothie**

20 Basenpunkte | **2 Gläser** | **5 Min.**

2 weiche, reife Nektarinen
1 Schale Heidelbeeren
1 EL Hanfsamen

• • •

Die Nektarinen waschen, halbieren, entkernen und in den Mixer geben. — Die Heidelbeeren waschen und in den Mixer geben. — Die Hanfsamen dazugeben und vermixen.

Smoothie gegen **Winterblues**

20 Basenpunkte | **2 Gläser** | **7 Min.**

2 Minneolas
(ersatzweise 4 Mandarinen)
2 reife Bananen
1 Esslöffel Erdmandelflocken
1 EL gehackte Paranüsse

• • •

Die Minneolas auspressen. Die Bananen im Mixer pürieren. — Den Saft der Minneolas, die Erdmandelflocken und gehackten Paranüsse untermischen.

TIPP Minneloas sind eine Kreuzung aus Orange und Mandarine – von der Größe her eher wie eine Orange. Sie haben einen köstlichen, aber nicht zu aufdringlichen Mandarinengeschmack, sind sehr saftig, basisch und Vitamin-C-reich. Kaufen kann man sie ab Ende Oktober bis in den Januar hinein.

Bananen-Mandel**drink**

20 Basenpunkte | **2 Gläser** | **7 Min.**

2 reife Bananen
300 ml ungesüßte Mandelmilch
1 TL gehackte Pistazien
einige Blättchen frische Zitronenmelisse

• • •

Die Bananen schälen, mit der Mandelmilch in den Mixer geben und mixen. — Mit den Pistazien und den Zitronenmelisseblättchen bestreuen und servieren.

Basisches Müsli – der **Klassiker**

20 Basenpunkte | **2 Personen** | **7 Min.**

2 Äpfel (beispielsweise die Sorte Rubinette oder Topaz)
2 reife Bananen
einige gehackte Mandeln
2 EL Erdmandelflocken
Saft von ½ Zitrone oder Mandarine

• • •

Äpfel waschen, mit einem Apfelschneider in Stücke teilen und diese in dünne Scheiben schneiden. — Die Bananen schälen und klein schneiden. — Obst mit den Mandeln und Erdmandeln mischen und den Saft darübergeben.

Sommer**müsli**

20 Basenpunkte | **2 Personen** | **5 Min.**

1 kleine Schale Heidelbeeren
2 weiche, reife Pfirsiche
1 Apfelbanane (wahlweise 1 kleine reife Banane)
1 EL Erdmandelflocken

• • •

Die Heidelbeeren waschen und abtropfen lassen. Die Pfirsiche waschen, entkernen und klein schneiden. — Heidelbeeren und Pfirsichstückchen zu den Apfelbananenstückchen geben. Die Erdmandelflocken darüberstreuen.

Fruchtiges Amaranthmüsli

19 Basenpunkte | **2 Personen** | **7 Min.**

2 Bananen
1 großer Apfel
2 EL Erdmandelflocken
2 EL gehackte Makadamianüsse
4 EL Amaranth-Müsli-Mischung (ohne Schokolade)
Saft von 1 Mandarine

• • •

Die Bananen schälen und in Scheiben schneiden. Den Apfel waschen, mit dem Apfelteiler in Stücke teilen und diese in dünne Scheiben schneiden. — Erdmandelflocken, Makadamias und die Amaranthmischung dazugeben und mit dem Saft beträufeln.

Basenpower-Müsli

20 Basenpunkte | 2 Personen | 5 Min.

1 kleine Schale reife Brombeeren
2 reife Birnen
6 frische Walnüsse
4 EL Wacker gekeimtes Müsli
(zu erhalten im Wacker-Shop)
Saft von 1 kleinen Mandarine

• • •

Die Beeren waschen, abtropfen lassen. Die Birnen waschen und, falls sie nicht aus biologischem Anbau sind, schälen. Birnen in Schnitze schneiden. ➜ Die Walnüsse aufknacken und in kleine Stücke brechen. Das Müsli dazugeben und alle Zutaten mischen. Den Mandarinensaft darüber verteilen.

Haferflockenmüsli

18 Basenpunkte | 2 Personen | 7 Min.

2 reife Bananen
Saft von 1 kleinen Zitrone oder
½ großen Zitrone
4 EL grobe Haferflocken

• • •

Die Bananen schälen und mit einer Gabel zerdrücken. Die Zitrone auspressen und den Saft mit den Haferflocken unter die Bananen mischen.

Herbstliches Pflaumenmüsli

18 Basenpunkte | 2 Personen | 7 Min.

12 reife, weiche Pflaumen
1 Banane
5–6 frische Walnüsse
4 EL Flockenmischung – aus Weizen-, Gersten-, Hafer- und Dinkelflocken
Saft von 1 Mandarine
1 EL Agavendicksaft

• • •

Die Pflaumen waschen, entkernen und vierteln. Die Banane in kleine Scheiben schneiden. — Die Walnüsse aufknacken, die Nüsse in kleine Stücke brechen. Pflaumen, Bananenscheiben, Walnüsse und Flocken in einer Schüssel vermischen. — Den Mandarinensaft mit dem Agavendicksaft vermischen und darüberträufeln.

TIPP Wenn Sie anstelle der Getreideflocken vorgekeimte, getrocknete Dinkelflocken verwenden, wird dieses Müsli zu 100% basisch.

Winterliches Müsli

20 Basenpunkte | 2 Personen | 5 Min.

2 Äpfel
2 kleine Bananen
2 TL Mandelmus
2 EL Erdmandelflocken
1 EL Sultaninen
Saft von 1 Mandarine
Zimt
Vanille

• • •

Die Äpfel waschen und reiben. Die Bananen schälen, in Scheiben schneiden und zu den Äpfeln geben. — Mandelmus, Erdmandelflocken und Sultaninen untermischen, den Saft dazugeben und mit etwas Zimt und Vanille abschmecken.

Müsli-Joghurt-Bananen-Mix

17 Basenpunkte | 2 Personen | 4 Min.

2 reife Bananen
1 Becher Naturjoghurt
1 TL Apfelsüße
6 EL Vollkornflockenmischung mit Nüssen und Trockenfrüchten (gibt es in unzähligen Varianten zu kaufen – bitte eine Sorte ohne Zucker auswählen)

• • •

Die Bananen schälen, mit einer Gabel zerdrücken und mit dem Joghurt und der Apfelsüße vermischen. Die Flockenmischung unterheben.

< Basenmüsli mit Erdbeeren

Basenmüsli mit Erdbeeren

20 Basenpunkte | 2 Personen | 7 Min.

1 kleine Schale reife Erdbeeren (Bio)
1 reife Banane
2 EL gehackte ungesalzene Pistazien
1 EL gekeimte Hirse (getrocknet zu erhalten im Wacker Shop)
1 EL Kokosflocken
Saft von ½ Zitrone
einige Zitronenmelisseblättchen

• • •

Erdbeeren waschen, putzen und vierteln. Mit den Bananenstückchen, den gehackten Pistazien und der gekeimten Hirse mischen und den Saft und die Kokosflocken darübergeben. — Die Zitronenmelisseblättchen auf der Obstmischung verteilen.

VARIANTE Im Sommer verwenden Sie für das basische Müsli Beeren wie Stachelbeeren, Pfirsiche oder Aprikosen, im Herbst Zwetschgen, Mirabellen, Brombeeren, Birnen oder ungespritzte Trauben und Walnüsse, im Winter und Frühling Orangen und Mandarinen mit Bananen.

Buchweizen-Aprikosen-Müsli

15 Basenpunkte | 2 Personen | 4 Min.

8 ungeschwefelte getrocknete Aprikosen
2 Becher Naturjoghurt
4 EL Buchweizenflocken
1 EL Agavendicksaft
2 EL gekeimte und getrocknete Hirse
2 EL gehackte Mandeln

• • •

Die Aprikosen in kleine Stückchen schneiden. Joghurt und Buchweizenflocken vermischen und die Aprikosen sowie den Agavendicksaft dazugeben. — Die Joghurt-Obst-Mischung auf zwei Schalen verteilen und die gekeimte Hirse und die Mandeln darüberstreuen.

SALATE UND ROHKOST

Bunter Salat mit Schafskäse **und Avocado**

17 Basenpunkte | **2 Personen** | **7 Min.**

2 Handvoll Rucolasalat
1 roter oder weißer Chicorée
200 g reiner Schafskäse
1 kleine Avocado
Zutaten für das Granatapfel-Dressing (Seite 65)
1 Schälchen Kresse
1 Handvoll Granatapfelkerne

• • •

Rucola waschen und abtropfen lassen, Chicoréeblätter abzupfen, waschen und halbieren, einige Blätter als Deko beiseitelegen. Den Schafskäse in kleine Würfel schneiden. — Die Avocado schälen und das Avocadofleisch in Scheiben schneiden. Das Dressing zubereiten und unter den Salat mischen. — Die Kresse abbrausen, mit einer Schere abschneiden und mit den Granatapfelkernen locker über den Salat verteilen.

Mittagssalat

Einen Salat zum Mittagessen oder als kleine Vorspeise verfeinern Sie mit einem schönen Dressing. Immer dabei: ein kalt gepresstes Öl. Öle wirken neutral und bereichern die basische Küche, denn sie wirken als Geschmacksträger und verfeinern jedes Gericht. Achten Sie darauf, stets solche von hervorragender Qualität zu verwenden. Nutzen Sie die Ölvielfalt auf dem Markt und trauen Sie sich, auch nicht so bekannte Ölsorten zu probieren: z.B. geröstetes Sesamöl über den Salat, oder wie wäre es mit Hanf, mit Arganöl, Haselnussöl, Leinöl oder Avocadoöl?

Rohkost mit Dip – auch gut fürs Büro

Rohkost ist ein supergesunder Snack für Zwischendurch, kann aber auch anstelle eines Salates in der Mittagspause gegessen werden. Die Gemüse können Sie zu Hause in Stifte schneiden und in einer Frischhaltebox mit zur Arbeit nehmen. Sie können sich diese Rohkost sehr abwechslungsreich gestalten: Anstelle der genannten Gemüse können Sie auch Gurken, Sellerie, Betakarotten, Navets-Rübchen oder Paprika nehmen. Tipp: Wenn es ganz schnell gehen muss, können Sie einen fertigen Kräuterquark, eine Frischkäsecreme, einen Ziegenfrischkäse oder eine Meerrettichcreme aus dem Bioladen nehmen. Schauen Sie sich um, es gibt eine Menge alternativer, gesunder Dips. Achten Sie auf Bioqualität ohne Geschmacksverstärker.

Täglich frische Keimlinge über den Salat

Sprossen und Keimlinge sind die vitalstoffreichsten Lebensmittel überhaupt. Besonders im Winter, wenn wir auf lagerfähige Wintergemüse und Obst aus fernen Ländern zurückgreifen, steht es um die Vitalstoffversorgung nicht immer zum Besten. Gründen Sie Ihre eigene Vitaminfabrik auf der Fensterbank und Sie müssen sich um Ihre Vitalstoffversorgung keine Gedanken mehr machen. Und: Billiger geht es nicht.

Denken Sie, es ist das Gleiche, ob Sie Sonnenblumenkerne oder Sonnenblumenkeimlinge verzehren? Falsch gedacht. Der Sonnenblumenkern ist wie alle Samen die ruhende Form einer Pflanze. Enzyme und Vitamine müssen erst noch aufgebaut und aktiviert werden. Wenn Sie den Kern in die Erde setzen oder in einem Keimglas zum Keimen bringen, wird der Wachstumsprozess der Pflanze angeregt. Und im frühen Stadium, wenn die ersten Sprossen aus dem Samen wachsen, stellt der Keimling eine geballte Vitalstoffladung dar. Wenn später die Pflanze wächst und sich ausdifferenziert in Stiel, Blättern und Blüten, konzentrieren sich jeweils bestimmte Nährstoffe in den Pflanzenteilen – so enthalten die Blüten der Zucchini besonders viele hormonähnlich wirkende Flavone (gelbe Farbstoffe), die lila Feigenfrüchte besonders viele gefäßschützende Blaufarbstoffe (OPC). Im Keimling aber ist die ganze Kraft der Pflanze. Keimlinge sind so etwas wie natürliche Vitamintabletten.

Wenn Sie Keimlinge fertig kaufen, achten Sie auf das Haltbarkeitsdatum und schauen Sie genau, ob die Keimlinge eine frische Farbe haben und ob sie noch frisch riechen. Riechen sie leicht abgestanden oder gar faulig, dann schnell die Finger weg davon.

Eine schöne Alternative sind getrocknete Keimlinge aus Hirse oder Braunhirse – erhältlich im Wackershop (www.basenfasten.de/shop). Auch Pestos aus gekeimter Berglinse, gekeimter Kichererbse oder gekeimten Bohnen die »Wacker Mousse« in Bioqualität sind dort erhältlich.

Sprossenzucht ist ganz einfach

Um Keimlinge selbst zu ziehen, benötigen Sie eigentlich nur ein Sprossenglas, Wasser und Samen. Nehmen Sie ein Sprossenglas und weichen Sie 3–4 Esslöffel Samen einige Stunden in Wasser ein. Lassen Sie das Wasser abfließen und spülen Sie die Samen noch einmal durch. Schrauben Sie das Glas zu und stellen Sie es auf den Kopf, sodass alles Restwasser abfließen kann. Sie können das Glas in die Geschirrablage der Spüle stellen, es gibt aber auch schicke Abtropfvorrichtungen (www.basenfasten/shop.de), die am Fenster sehr dekorativ aussehen.

Nun werden die Samen täglich einmal durchgespült. Im Sommer werden die Samen zweimal täglich gespült. Wichtig ist, dass das Glas mit den Keimlingen nach dem Spülen immer etwas abgeschrägt auf dem Kopf steht, damit alles Wasser wieder abfließen kann. Bereits nach 1–2 Tagen sind die ersten Minisprossen zu erkennen. Nach 3 Tagen sind die meisten Samen gekeimt und verzehrfertig. Nach weiteren 2 Tagen sind die Keime etwa 2–3 cm lang und fertig. Sie können das Glas, nachdem alles Wasser gut abgetropft ist, nun in den Kühlschrank stellen. Die Keimlinge sind dort ca. 1 Woche haltbar.

Was kann denn nun alles gekeimt werden? Eigentlich jeder Samen, der eine essbare Pflanze hervorbringt. Sie brauchen nicht besonderes Keimsaatgut zu kaufen, denn jedes Körnchen, jeder Samen, den Sie im Bioladen kaufen können, muss keimfähig sein. Als Anfänger nehmen Sie erst einmal die großen, leicht zu keimenden Samen: Sonnenblumenkerne, Linsen, Kichererbsen, für deren Aufzucht ein Sprossenglas ausreicht. Für kleine Samen und schleimende Samen benötigt man kein Sprossenglas, sie werden auf Watte oder in speziellen flachen Schalen mit einem feinen Metallsieb gezogen.

Zum Keimen geeignete Sorten

Samen für Anfänger (Sprossenglas):

- Alfalfa (Luzerne)
- Braunhirse (viel Silizium)
- Buchweizen
- Dinkel
- Erbsen (Erbsenspargel)
- Gerste
- Kichererbsen (Vitamin B_{12})
- Koriandersamen
- Linsen (Vitamin B_{12})
- Mungobohnen
- Sojabohnen
- Sonnenblumenkerne
- Weizen (viel Vitamin B, Proteine)

Mittelschwer in der Aufzucht:

- Bockshornklee
- Brokkoli (wirkt besonders entgiftend durch bioaktive Stoffe und Vitamin C)
- Kresse (enthält besonders viel Vitamin C)
- Radieschen
- Rettich (wirkt entgiftend und entschleimend)
- Rosabi (Kohlrabiart)
- Rucola (viel Kalzium)

Für Fortgeschrittene (schleimende Sorten):

- Amaranth
- Fenchelsamen
- Leinsamen (enthalten viel ungesättigte Fettsäuren)
- Rothklee
- Zwiebelsamen

Frühlingsdressing mit **Wildkräutern**

19 Basenpunkte | 2 Personen | 5 Min.

1 Handvoll Wildkräuter
4 EL Avocadoöl
knapp 1 EL guter Aceto balsamico

• • •

Die Kräuter waschen, abtropfen lassen und mit dem Wiegemesser sehr fein hacken. — Die übrigen Zutaten zusammengeben und mit einem Milchaufschäumer gut vermischen. Die Wildkräuter untermischen.

Zitroniges Dressing – **Grundrezept**

20 Basenpunkte | 2 Personen | 5 Min.

Schnittlauch oder Glattpetersilie
4 EL Olivenöl
Saft von ½ Zitrone
1 EL Sesamsalz
1 TL Agavendicksaft
frisch gemahlener schwarzer Pfeffer

• • •

Die Kräuter waschen, abtropfen lassen und mit dem Wiegemesser sehr fein hacken. — Die übrigen Zutaten zusammengeben und mit einem Milchaufschäumer gut vermischen. Die Kräuter untermischen.

TIPP Dieses Grunddressing können Sie geschmacklich variieren, indem Sie andere Öle verwenden. Ganz lecker sind geröstete Öle aus Mandeln, Haselnüssen, Sesam, Kürbiskernen und Argan. Anstelle der Zitrone ist in manchen Salaten – mit Chicorée, Rotkohl oder Fenchel – auch Orangen-, Mandarinen- oder Apfelsaft lecker.

Himbeerbalsamico-**Dressing**

19 Basenpunkte | 2 Personen | 5 Min.

1 Handvoll Basilikum
4 EL Sonnenblumenöl oder Arganöl
knapp 1 EL Himbeerbalsamico
(von Byodo im Bioladen)

• • •

Das Basilikum waschen, abtropfen lassen und mit dem Wiegemesser sehr fein hacken. — Die übrigen Zutaten zusammengeben und mit einem Milchaufschäumer gut vermischen. Das Basilikum untermischen.

Granatapfel-Dressing

19 Basenpunkte | **2 Personen** | **5 Min.**

1 Handvoll Glattpetersilie
4 EL Walnussöl
knapp 1 EL Granatapfelbalsamico (von Byodo)

• • •

Die Glattpetersilie waschen, abtropfen lassen und mit dem Wiegemesser sehr fein hacken. — Die übrigen Zutaten zusammengeben und mit einem Milchaufschäumer gut vermischen. Die Glattpetersilie untermischen.

Eisberg-Radieschen-Salat

19 Basenpunkte | **2 Personen** | **5 Min.**

1 kleiner Eisbergsalat
1 kleine Zwiebel
2 Handvoll Radieschen
3 EL Rucolasprossen
Zutaten für das Frühlingsdressing mit Wildkräutern (Seite 64)

• • •

Den Eisbergsalat klein zupfen und waschen. Das Dressing zubereiten. Die Zwiebel fein würfeln und unter das Dressing mischen. — Die Radieschen waschen, das Grün und die Wurzel abschneiden, die Radieschen in kleine Scheiben schneiden und unter den Salat mischen. Das Dressing unterheben und den Salat mit Rucolasprossen garniert servieren.

Apfelbalsamico-Dressing

19 Basenpunkte | **2 Personen** | **5 Min.**

1 Handvoll Kresse
4 EL Olivenöl
knapp 1 EL Apfelbalsamico (von Byodo) oder guter Aceto balsamico

• • •

Die Kresse waschen, abtropfen lassen und mit dem Wiegemesser sehr fein hacken. — Die übrigen Zutaten zusammengeben und mit einem Milchaufschäumer gut vermischen. Die Kresse untermischen.

Fenchel-Hirse-Salat

18 Basenpunkte | 2 Personen | 30 Min.

½ Tasse Hirse
Kräutersalz
2 mittelgroße Fenchelknollen
3 Mandarinen
4 EL Sesamöl (am besten geröstetes)
2 TL Mandelmus
frisch gemahlener schwarzer Pfeffer

• • •

Die Hirse waschen und in 2 Tassen Wasser etwa 15 Min. kochen. Anschließend 15 Min. ausquellen lassen. Mit Kräutersalz würzen. — Den Fenchel waschen und in Streifen schneiden, das Fenchelgrün zur Seite legen. 2 Mandarinenso filetieren, dass keine weiße Haut mehr an den Filets zurückbleibt. Mandarinenfilets zum Fenchel geben. — Die dritte Mandarine auspressen und den Saft mit Sesamöl und Mandelmus zu einem Dressing rühren. Mit Pfeffer würzen. Dressing, Hirse, gehackte Mandeln und Fenchelgrün locker über den Salat geben.

< Fenchel-Hirse-Salat

Romanasalat mit Sonnenblumenkeimlingen

19 Basenpunkte | 2 Personen | 5 Min.

1 kleiner Romanasalat
Zutaten für das Granatapfel-Dressing (Seite 65)
1 kleine Zwiebel
1 Karotte
3 EL Sonnenblumenkeimlinge

• • •

Den Romanasalat klein zupfen und waschen. Das Dressing zubereiten. — Die Zwiebel abziehen, fein würfeln und unter das Dressing mischen. — Die Karotte mit der Gemüsebürste säubern, raspeln und untermischen. Den Salat mit Sonnenblumenkeimlingen garniert servieren.

TIPP Sie können die Sprossen selber ziehen oder Sie kaufen eine fertige Sprossenmischung auf dem Wochenmarkt oder im Bioladen. Wenn es gar nicht geklappt hat, können Sie die Sonnenblumenkerne auch ungekeimt verwenden.

Brunnenkressesalat mit Wildkräutern

19 Basenpunkte | 2 Personen | 5 Min.

2 Handvoll Brunnenkresse (vom Wochenmarkt)
1 Handvoll Wildkräuter (gibt es auf Wochenmärkten, Sie können aber auch selbst sammeln gehen: Löwenzahn und Sauerampfer)
1 kleine Zwiebel
Zutaten für das Apfelbalsamico-Dressing (Seite 65)
1 Kohlrabi
3 EL Rettichsprossen

• • •

Die Brunnenkresse und die Wildkräuter waschen und abtropfen lassen. Die Zwiebel abziehen, fein würfeln und mit dem Dressing vermischen. — Den Kohlrabi waschen, schälen, raspeln und untermischen. Die Salatmischung mit dem Dressing vermengen und mit den Rettichsprossen garniert servieren.

VARIANTE Im Frühling finden Sie auch hin und wieder Eistropfensalat auf dem Wochenmarkt. Er ist sehr mineralienreich, vor allem reich an Eisen, und er schmeckt herb-würzig.

Urkarotten-Portulak-Salat

19 Basenpunkte | 2 Personen | 12 Min.

3 mittelgroße Urkarotten (oder normale Karotten)
2 Handvoll Portulak (auch Postelein genannt, gibt es als Sommer- und als Winterportulak)
Zutaten für das Frühlingsdressing mit Wildkräutern (Seite 64)
1 kleine Zwiebel
2 EL Champagnerlinsenkeimlinge (fertig gekauft oder 2 Tage vorher ansetzen)

• • •

Die Urkarotten waschen, mit der Gemüsebürste abreiben und auf dem Gemüsehobel raspeln. Den Portulak waschen und abtropfen lassen. — Das Dressing zubereiten. Die Zwiebel fein würfeln und unter das Dressing mischen. — Die Karottenraspel mit dem Dressing vermischen, den Portulak unterheben und die Linsenkeimlinge über den Salat verteilen.

Endiviensalat mit Kichererbsenkeimlingen

19 Basenpunkte | 2 Personen | 5 Min.

1 kleiner Kopf Endiviensalat
Zutaten für das Granatapfel-Dressing (Seite 65)
1 kleine Zwiebel
1 mittelgroße Urkarotte (Betakarotte)
1 Handvoll Kichererbsenkeimlinge

• • •

Den Endiviensalat waschen, abtropfen lassen und in dünne Streifen schneiden. Das Dressing zubereiten, die Zwiebel fein würfeln und mit dem Dressing vermischen. — Die Urkarotte mit der Gemüsebürste säubern, raspeln und zusammen mit dem Dressing untermischen. Den Salat mit Kichererbsenkeimlingen garniert servieren.

TIPP Wenn Sie keine Zeit zum Keimen haben, dann gibt es eine praktische Alternative: Die Wacker Mousse aus gekeimtem Hummus (Kichererbsen und Sesam) – 100 % basisch und lecker (www.basenfasten.de/shop).

Mediterraner Paprikasalat

17 Basenpunkte | 2 Personen | 10 Min.

je 1 grüne, rote, gelbe Paprika
einige Stängel Glattpetersilie
1 rote Zwiebel
10–12 schwarze, ungefärbte Oliven
Zutaten für das Granatapfel-Dressing (Seite 65)
200 g reiner Schafskäse (ohne Kuhmilchanteil)

• • •

Die Paprika waschen und in kleine dünne Scheiben schneiden. Die Petersilie waschen, klein schneiden und unter die Paprikastreifen mischen. — Die Zwiebel klein hacken und mit den Oliven unter die Paprikastreifen mischen. Das Dressing zubereiten und untermischen. Den Schafskäse mit den Händen zerbröckeln und locker über den Salat verteilen.

Mediterraner Paprikasalat >

Feldsalat mit sautierten Egerlingen

17 Basenpunkte | 2 Personen | 15 Min.

150 g Feldsalat
6–7 Egerlinge
1 kleine Zwiebel
2 EL Sonnenblumenöl
2 Scheiben Rohmilchziegencamembert
Zutaten für das Himbeerbalsamico-Dressing (Seite 64)
½ Schälchen Kresse
2 EL Hanfsamen

• • •

Den Feldsalat waschen, die Egerlinge mit Küchenkrepp abreiben und in dünne Scheiben schneiden. — Die Zwiebel abziehen, klein schneiden und mit den Egerlingen im Öl andünsten. — Den Käse bei 180 Grad im Backofen etwa 10 Min. erwärmen. — Salat mit dem Dressing mischen, Pilze, Kresse und Hanfsamen darüber verteilen und die Ziegenkäsescheiben darüberlegen.

Sabines Panzarella

17 Basenpunkte | 2 Personen
15 Min. + 3–4 Std. Ziehzeit

2–3 Scheiben altes Brot (am besten Vollkorn, 2–3 Tage alt)
20–25 reife Cocktailtomaten
1 rote Zwiebel
1 Gurke
2 Handvoll schwarze, ungefärbte Oliven
2 Handvoll frisches Basilikum
6 EL Olivenöl
1 EL Aceto balsamico
frisch gemahlener schwarzer Pfeffer
Kräutersalz

• • •

Das Brot in 2 cm große Würfel schneiden. Die Tomaten waschen und halbieren. Die Gurke waschen, würfeln und mit den Oliven und den Tomaten zum Brot geben. — Basilikum waschen, abtropfen lassen, klein zupfen und dazugeben. — Aus Olivenöl, Essig, Pfeffer und Salz ein Dressing zubereiten und mit einem Löffel über den Brotsalat verteilen. Durchmischen und den Salat 3 bis 4 Stunden durchziehen lassen. — Mit Pfeffer und Salz abschmecken und genießen.

Caprese

17 Basenpunkte | 2 Personen | 7 Min.

10 sehr reife Eiertomaten
2 Büffelmozzarella
2 EL Olivenöl
Aceto balsamico
1 Prise Salz
1 Prise weißer Pfeffer
1 Handvoll Basilikum

• • •

Die Tomaten waschen, in Scheiben schneiden und den Stielansatz entfernen. Die Tomatenscheiben auf zwei Tellern ausbreiten. — Büffelmozzarella abtropfen lassen, in gleichmäßige Scheiben schneiden und auf jede Tomatenscheibe eine Scheibe Mozzarella legen. — Aus dem Olivenöl, dem Aceto, dem Salz und dem Pfeffer ein Dressing zubereiten und mit einem Löffel auf die mit Mozzarella belegten Tomaten verteilen. — Die Basilikumblätter waschen, abtropfen lassen und auf die Mozzarellascheiben legen.

Caprese de luxe

17 Basenpunkte | 2 Personen | 5 Min.

200 g Brunnenkresse
1 kleine rote Zwiebel
6–8 reife Cocktailtomaten
200 g Büffelmozzarella
Zutaten für das Apfelbalsamico-Dressing (Seite 65)

• • •

Die Brunnenkresse waschen und gut abtropfen lassen. Die Zwiebel abziehen und klein hacken. Die Tomaten waschen und halbieren. — Büffelmozzarella abtropfen lassen und in kleine Würfel schneiden. Das Dressing zubereiten und mit den Tomaten, der Zwiebel, dem Mozzarella vermischen.

Rohkost mit Kräuterquark

18 Basenpunkte | 2 Personen | 10 Min.

2 EL frische Kräuter (beispielsweise Glattpetersilie, Schnittlauch, Bibernelle, Dill, Borretsch)
150 g Sahnequark (kein fettarmer!)
frisch gemahlener weißer Pfeffer
1 EL Sesamsalz
1 Karotte
1 Kohlrabi
1 Stange Staudensellerie

• • •

Die Kräuter waschen, abtropfen lassen, mit dem Wiegemesser klein schneiden und unter den Quark mischen. Die Gewürze dazugeben und gut verrühren. — Die Karotte unter fließendem Wasser mit der Gemüsebürste abbürsten und in 1–1,5 cm dicke, fingerlange Streifen schneiden. — Den Kohlrabi waschen, schälen und in 1–1,5 cm dicke, fingerlange Streifen schneiden. — Die Selleriestange waschen, die holzigen Anteile abschneiden und die Selleriestange in 1–1,5 cm dicke, fingerlange Streifen schneiden und losdippen!

Kopfsalat mit Roter Bete

19 Basenpunkte | 2 Personen | 10 Min.

1 kleiner Kopfsalat
1 kleine Rote Bete
Zutaten für das Granatapfel-Dressing (Seite 65)
1 Handvoll Granatapfelkerne
3 EL Hirsekeimlinge, frisch oder getrocknet

• • •

Die Blätter des Salats waschen und in mundgerechte Stücke zupfen. Die Rote Bete waschen, schälen und über den Salat raspeln (am besten mit Handschuhen, da Rote Bete sehr stark färbt). — Das Granatapfel-Dressing zubereiten und mit den Granatapfelkernen über den Salat geben. Die Hirsekeimlinge über den Salat geben.

VARIANTE Dieser Salat schmeckt auch gut mit dem Apfelbalsamico-Dressing (Seite 65).

Rohkost mit **Avocadocreme**

20 Basenpunkte | 2 Personen | 10 Min.

1 reife Avocado
1 TL Sesamsalz
Saft von ¼ Zitrone
2 TL Braunhirsekeimlinge oder Sonnenblumenkeimlinge
1 Karotte
1 Gurke
1 Kohlrabi

• • •

Die Avocado schälen, entkernen und mit einer Gabel zerdrücken. Das Sesamsalz und den Zitronensaft untermischen. Die Braunhirsekeimlinge locker darüber verteilen. — Die Karotte, die Gurke und den geschälten Kohlrabi in fingerlange Streifen schneiden. Die Rohkost zusammen mit der Avocadocreme servieren.

Rettichsalat mit Karotten**raspeln**

20 Basenpunkte | **2 Personen** | **15 Min.**

1 mittelgroßer Rettich (im Winter schwarzen Rettich nehmen)
1 kleine Karotte
2 EL Sesamöl
Saft von ½ Mandarine
frisch gemahlener weißer Pfeffer
2 TL Sesamsalz
1 kleine Zwiebel
1 Schälchen Kresse

• • •

Rettich und Karotte schälen und fein raspeln. — Aus Öl, Mandarinensaft und den Gewürzen ein Dressing zubereiten. Die Zwiebel abziehen, hacken und dazugeben. Das Dressing unter den Salat mischen. — Die Kresse unter fließendem Wasser waschen, mit einer Schere abschneiden und über den Salat streuen.

TIPP Schwarzer Rettich ist ein Hausmittel gegen Bronchitis, weil er sehr stark entschleimend wirkt. Er hat enorme Basenwirkung und wirkt so im Winter doppelt positiv: gegen Verschleimung und gegen Übersäuerung.

Romanasalat mit Paprika **und Pecorino**

18 Basenpunkte | **2 Personen** | **10 Min.**

1 Romanasalat
1 rote Paprika
1 Frühlingszwiebel
Zutaten für das Apfelbalsamico-Dressing (Seite 65)
einige Stängel Glattpetersilie
100 g mittelalter Pecorino

• • •

Den Salat waschen und die Blätter in mittelgroße Stücke schneiden. — Die Paprika waschen, putzen und die Kerne entfernen. Die Paprika in feine Streifen schneiden. — Die Zwiebel abziehen, hacken und alles mischen. Das Dressing zubereiten und mit der gehackten Petersilie dazugeben. Den Käse in Späne hobeln und über den Salat verteilen.

Salat aus Navetten-**spaghetti**

19 Basenpunkte | **2 Personen** | **15 Min.**

3 kleine Navets-Rübchen
6 Cocktailtomaten
Zutaten für das Himbeerbalsamico-Dressing (Seite 64)
1 Schälchen Kresse
1 EL Hanfsamen

• • •

Navets waschen, schälen und zu Spaghetti verarbeiten. Die Tomaten waschen und halbieren. Dressing herstellen und mit den Tomaten unter die Spaghetti mischen. — Die Kresse unter fließendem Wasser waschen, mit einer Schere abschneiden und zusammen mit dem Hanfsamen über den Salat streuen.

Chicoréesalat

17 Basenpunkte | 2 Personen | 10 Min.

1 kleine Karotte
1 mittelgroßer Chicorée
2 EL Haselnussöl
Saft von 1 kleinen Mandarine
1 EL Sesamsalz
frisch gemahlener schwarzer Pfeffer
1 EL gehackte Pistazienkerne
1 EL Rosinen
100 g Ziegenfrischkäse

• • •

Die Karotte mit der Gemüsebürste unter fließendem Wasser säubern und raspeln. Chicoréeblätter ablösen, waschen und klein zupfen. — Aus dem Öl, dem Mandarinensaft, den Gewürzen und den Pistazien ein Dressing zubereiten. Das Dressing mit den Karottenraspeln und dem Chicorée mischen. — Die Rosinen darübergeben. Den Ziegenfrischkäse mit den Händen zerbröckeln und locker über den Salat verteilen.

Romanasalat mit Oliven und Schafskäse

17 Basenpunkte | 2 Personen | 10 Min.

1 mittelgroßer Romanasalat
1 Handvoll Kirschtomaten (im Winter alternativ 1 Karotte)
1 Handvoll schwarze, ungefärbte Oliven
2 EL Olivenöl
Aceto balsamico
schwarzer Pfeffer
Kräutersalz
200 g reiner Schafskäse
2 EL gekeimte Hirse (selbst gezogen oder getrocknet)
1 Handvoll Kichererbsensprossen (oder andere fertige Sprossen)

• • •

Den Romanasalat waschen, den Strunk entfernen und die Blätter etwas zerkleinern. Die Kirschtomaten waschen, halbieren und mit den Oliven unter die Salatblätter mischen — Aus dem Olivenöl, dem Aceto balsamico, dem Pfeffer und dem Kräutersalz ein Dressing zubereiten. — Den Schafskäse in kleine Würfel schneiden und unter den Salat mischen. Das Dressing unter den Salat mischen und die gekeimte Hirse mit den Kichererbsensprossen darüber verteilen.

Herbstsalat mit Ziegenfrischkäse

18 Basenpunkte | 2 Personen | 7 Min.

150 g Feldsalat
Zutaten für das Granatapfel-Dressing (Seite 65)
3 EL Zedernüsse
100 g Ziegenfrischkäse
1 Handvoll Granatapfelkerne
½ Schale Kresse

• • •

Den Feldsalat gründlich waschen, putzen und abtropfen lassen. Das Dressing zubereiten. — Den Feldsalat mit dem Dressing mischen, die Zedernüsse dazugeben. — Den Ziegenfrischkäse in der Hand zerbröckeln und mit den Granatapfelkernen locker über den Salat verteilen. — Die Kresse abbrausen und mit der Schere abschneiden. Den Salat mit der Kresse dekorieren.

Herbstsalat mit Ziegenfrischkäse >

Batavia-**Chicorée-Salat** mit Rote-Bete-**Sprossen**

18 Basenpunkte | **2 Personen** | **5 Min.**

1 kleiner Bataviasalat
1 kleiner Chicorée
1 mittelgroßer Kohlrabi
3 EL Olivenöl
Saft von ½ Zitrone
1 EL Sesamsalz (Gomasio)
1 Prise weißer Pfeffer
3 EL Sonnenblumenkerne
150 g echter Schafskäse
3 EL Rote-Bete-Sprossen (wahlweise Kresse)

• • •

Den Bataviasalat waschen, abtropfen lassen und in eine Salatschüssel geben. Den Strunk des Chicorée entfernen, die Blätter abwaschen und abtropfen lassen. Den Kohlrabi waschen, schälen und klein raspeln. — Aus dem Olivenöl, dem Saft der halben Zitrone, dem Sesamsalz und dem weißen Pfeffer ein Salatdressing herstellen – am besten mit einem Milchaufschäumer. — Die Bataviablätter und die Chicoréeblätter zusammen mit den Kohlrabiraspeln und den Sonnenblumenkernen in eine Schüssel geben und mit dem Dressing vermischen. — Den Schafskäse in kleine Würfel schneiden und unter den Salat mischen. Die Rote-Bete-Sprossen über den Salat verteilen.

Kartoffelsalat mit sautierten **Pfifferlingen**

20 Basenpunkte | **2 Personen** | **45 Min.**

8 mittelgroße vorwiegend festkochende Kartoffeln
1 kleine Gemüsezwiebel
2 EL Sonnenblumenöl
Saft von ½ Zitrone
2 EL Kräutersalz
Muskat
frisch gemahlener weißer Pfeffer
¼ l Gemüsebrühe
1 Handvoll reife Kirschtomaten
1 Handvoll Basilikum
1 Handvoll frische Pfifferlinge
3 Stängel Glattpetersilie
2 EL Olivenöl
2 EL Brokkolikeimlinge oder andere Keimlinge

• • •

Die Kartoffeln mit der Schale im Gemüsedämpfer garen, pellen und in Scheiben schneiden. — Die Zwiebel abziehen und sehr fein hacken. Aus dem Öl, dem Zitronensaft und den Gewürzen ein Dressing bereiten. — Eine Kartoffel mit der Gabel zerdrücken und die Gemüsebrühe unterrühren. Dann mit dem Dressing und den Zwiebeln vermischen. — Die Tomaten waschen, halbieren und mit dem gewaschenen Basilikum zum Salat geben. — Die Pfifferlinge mit Küchenkrepp säubern und klein schneiden. Die Petersilie waschen und klein schneiden. — Die Pfifferlinge im vorsichtig erhitzten Olivenöl andünsten und mit Kräutersalz würzen. Petersilie und Brokkolikeimlinge dazugeben und über den Kartoffelsalat verteilen.

Frühlingssalat mit pochiertem **Ei**

18 Basenpunkte | **2 Personen** | **12 Min.**

150 g Pflücksalat
3 Radieschen
Zutaten für das Apfelbalsamico-Dressing (Seite 65)
1 Schale Kresse
2 Eier

• • •

1 l Wasser zum Kochen bringen. Den Salat waschen, die Radieschen klein schneiden. Das Dressing zubereiten und untermischen. — Die Kresse abbrausen und mit der Schere abschneiden. Den Salat mit der Kresse dekorieren. — Die Eier aufschlagen und nacheinander mithilfe einer Schöpfkelle langsam ins kochende Wasser gleiten lassen. Nach etwa 3–5 Min. herausnehmen und auf den Salat setzen.

Carpaccio von Roter Bete

20 Basenpunkte | **2 Personen** | **12 Min.**

1 große vorgekochte Rote Bete
2 EL Olivenöl
2 EL Zitronensaft
1 EL Sesamsalz
frisch gemahlener schwarzer Pfeffer
½ Schälchen Kresse

• • •

Die Rote Bete mit einem Gemüse- oder Trüffelhobel in sehr dünne Scheiben hobeln. Die dünnen Scheiben auf einem großen Teller oder auf einer runden Platte fächerförmig auslegen. — Aus dem Öl, dem Zitronensaft und den Gewürzen eine Marinade herstellen. Die Marinade mit einem Löffel gleichmäßig über die Rote-Bete-Scheiben verteilen. — Die Kresse abbrausen und mit der Schere abschneiden. Den Salat mit der Kresse dekorieren.

Rote-Bete-Rohkost mit Crème **fraîche**

19 Basenpunkte | **2 Personen** | **15 Min.**

1 mittelgroße Rote Bete
1 Braeburn- oder Elstar-Apfel (Bio)
1 EL Sesamsalz
2 EL Crème fraîche oder Naturjoghurt
1 EL Hanfsamen

• • •

Die Rote Bete waschen, schälen und fein raspeln. Den Apfel waschen und samt Schale raspeln. — Das Sesamsalz daruntermischen, die Rohkost in zwei Schälchen geben und jede Portion mit 1 EL Crème fraîche versehen. Die Hanfsamen darüber verteilen.

GEMÜSESUPPEN UND EINTÖPFE

Klare Brühe mit Karotten**spaghetti**

20 Basenpunkte | 2 Personen | 20 Min.

1 gerade Karotte
1 große Kartoffel
1 kleine Zwiebel
2 EL Sonnenblumenöl
Piment
Liebstöckel
Galgant
1 l Gemüsebrühe (aus 1½ Gemüsebrühwürfeln)
einige Stängel Glattpetersilie

• • •

Die Karotte und die Kartoffel waschen und schälen. Erst die Karotte, dann die Kartoffel mithilfe der Gemüsespaghettimaschine zu Spiralen schneiden. — Die Zwiebel abziehen, fein würfeln und im Öl glasig dünsten. Mit Piment, Liebstöckel und Galgant würzen. — Die Karotten- und Kartoffelspirali dazugeben, mit Gemüsebrühe auffüllen. Nach wenigen Minuten sind die Gemüse gar, denn die Gemüsespaghetti sind sehr dünn! Die Petersilie waschen, klein schneiden, über die Brühe geben und servieren.

Gemüse richtig putzen und weiterverarbeiten

Für leckere Suppen und Eintöpfe brauchen Sie in erster Linie frisches, reifes Gemüse der Saison, Wasser sowie Kräuter und Gewürze. Das Gemüse richtig vorzubereiten, sodass möglichst wenig Inhaltsstoffe verloren gehen, ist bei manchen Sorten jedoch nicht ohne. Die folgende Übersicht erklärt, wie Gemüse richtig geputzt und weiterverarbeitet wird.

Das Salz in der Suppe

Gewürze und Gewürzmischungen aus biologischem Anbau, die kein oder wenig Salz enthalten und die frei von Geschmacksverstärkern (Glutamate, Guanylate – oft hinter E 620 bis E 625 versteckt) sind, verleihen Suppen und Eintöpfen das gewisse Etwas. Auch spricht nichts gegen Gewürzmischungen und fertige Gemüsebrühen, die Hefeextrakt als natürlichen Geschmacksverstärker enthalten. Wenn Sie jedoch eine starke Glutamatunverträglichkeit haben, sollten Sie auf Produkte mit Hefeextrakt verzichten. Tauchen Sie ein in die Kräuter- und Gewürzwelt und verwenden Sie einmal Bibernelle, Zitronenmelisse, Koriander, Kardamom, Bockshornklee oder Galgant, um nur einige zu nennen.

Kräuter sind wichtige Basenspender und dürfen, außer beim morgendlichen Obst, bei keiner Mahlzeit fehlen. Im späten Frühling, im Sommer und im Herbst werden Kräuter frisch, aus dem Garten oder von der Fensterbank verwendet, im Winter und im Frühjahr helfen frische Keimlinge, die vitaminlose kalte Jahreszeit zu überbrücken.

Sesamsalz – der basische Salzersatz

Die optimale Art, Sesam zu verzehren, ist in Form von Sesamsalz. Sesamsalz besteht aus gemahlenem und geröstetem Sesam, in den eine geringe Menge Salz untergemischt ist. Achten Sie beim Kauf des Sesamsalzes darauf, dass der Salzgehalt nicht über 5% liegt. Manche Firmen bieten Sesamsalz mit bis zu 13% Salzanteil an. Sesamsalz schmeckt herrlich nussig und verfeinert jedes Salat- und Gemüsearoma. Und: Sie verringern dadurch, ohne es überhaupt zu merken, Ihre Salzzufuhr.

Gemüse richtig verarbeiten

Sorte	Putzen, Waschen und Co.
Auberginen	Unter fließendem Wasser waschen, den grünen Strunk abschneiden.
Avocado	Avocado halbieren, den Kern herausnehmen und das Fruchtfleisch mit einem Löffel herausschaben. Solange der Kern in der Avocado ist, bleibt das Fruchtfleisch grün – gilt auch für Pasten.
Blattsalat	Die Blätter vom Kopf lösen, harte Strünke kürzen und Salatblätter in stehendem Wasser gründlich waschen, damit Sand vollständig entfernt wird.
Brokkoli	Den Strunk abschneiden, schälen und würfeln. Die einzelnen Röschen abtrennen und waschen.
Blumenkohl	Die äußeren Blätter vom Blumenkohl entfernen, den Blumenkohl waschen und dann in Röschen teilen.
Butternut (und andere Kürbissorten)	Den Kürbis unter fließendem Wasser waschen, den Stiel abschneiden, schälen und die Kerne mit einem Löffel herausschaben.
Chicorée	Den Strunk des Chicorées herausschneiden (da er bitter schmeckt), die Blätter unter fließendem Wasser waschen.
Fenchel	Fenchelknollen waschen, äußere Blätter entfernen, den Strunk herausschneiden, das Fenchelgrün aufheben.

Sorte	Putzen, Waschen und Co.
Feldsalat	Eventuell vorhandene schmutzige Wurzelreste entfernen und den Salat (mehrmals) in stehendem Wasser gründlich waschen, weil er oft sehr sandig ist.
Hokkaido, Futsu black	Beide Kürbisse müssen nicht geschält werden, weshalb Sie nur den Stielansatz und den Strunk entfernen. Mit der Gemüsebürste unter fließendem Wasser schrubben, halbieren und mit einem Löffel die Kerne herausschaben.
Kartoffeln, Süßkartoffeln, Steckrüben	Unter fließendem Wasser waschen und schälen. Biokartoffeln müssen nicht unbedingt geschält, sondern nur mit der Gemüsebürste geschrubbt werden.
Karotten, Pastinaken, Petersilienwurzeln	Unter fließendem Wasser mit der Gemüsebürste schrubben.
Lauch	Lauch der Länge nach halbieren und gründlich waschen, da sich zwischen den Blättern viel Erde befinden kann. Dann die äußeren Blätter und den Wurzelansatz entfernen.
Mangold	Den Strunk je nach Größe der Mangoldstaude abschneiden (2–3 cm), die einzelnen Blätter lösen und unter fließendem Wasser waschen.
Meerrettich	Schälen, waschen und auf einer Gemüsereibe reiben.
Pilze	Mit einem feuchten Küchenkrepp oder mithilfe einer Pilzbürste Erdreste abreiben und auf keinen Fall waschen, da sie sich sonst mit Wasser voll saugen.
Rettich, Eiszapfen, Mairübchen, Navets, Kohlrabi	Unter fließendem Wasser waschen und schälen.
Rote Bete	Rote Bete unter fließendem Wasser waschen, mit Handschuhen schälen, da der rote Farbstoff ziemlich intensiv ist und so schnell nicht mehr verschwindet.
Schwarzwurzeln	Schwarzwurzeln mit Handschuhen unter fließenden Wasser mit einer Bürste säubern, dann mit einem Sparschäler die äußere Schale entfernen und gleich in Zitronenwasser legen, damit die Wurzel sich nicht verfärbt.
Spargel	Weißen Spargel unterhalb der Köpfe mit einem Spargelschäler schälen, die unteren Enden abschneiden. Grüner Spargel muss nicht geschält werden.
Spinat	Die Spinatblätter (mehrmals) in stehendem Wasser waschen, sehr grobe Stielenden kürzen.
Staudensellerie	Die einzelnen Stangen von der Staude lösen, waschen, die Blätter abschneiden (man kann sie für Brühe gebrauchen). Die groben Enden kürzen und von oben nach unten die Stangen entfädeln.
Wildkräuter: Brunnenkresse, Löwenzahn, Portulak, Rucola	In stehendem Wasser gründlich waschen, nicht so schöne Stielenden abschneiden.
Zucchini	Zucchini unter fließendem Wasser waschen, Enden abschneiden (für die Gemüsebürste ist die Haut zu zart).

Kürbis-Maronen-Cremesuppe

20 Basenpunkte | 2 Personen | 35 Min.

1 kleiner Hokkaidokürbis (500 g)
2 Süßkartoffeln
1 mittelgroße Zwiebel
3 EL geröstetes Kürbiskernöl oder ein anderes nussiges Öl
frisch gemahlener schwarzer Pfeffer
Galgant
Kurkuma
Liebstöckel
1 EL Sesamsalz
1¾ l Gemüsebrühe (aus 1 Gemüsebrühwürfel)
200 g vorgekochte Maronen
3 cm Ingwer

• • •

Den Kürbis waschen, halbieren, die Kerne entfernen und das Kürbisfleisch würfeln. Süßkartoffeln waschen, schälen und in Stücke schneiden. — Zwiebel abziehen, klein hacken und im Kürbiskernöl zusammen mit den Gewürzen sehr vorsichtig andünsten – nur auf mittlerer Stufe. — Nach wenigen Minuten etwas Gemüsebrühe dazugeben, dann das Gemüse mit der restlichen Gemüsebrühe hinzufügen und zum Kochen bringen. — Die Maronen in grobe Scheiben schneiden. Ingwer schälen, klein schneiden und mit den Maronen zur Suppe geben. Nach 10–15 Min. die Suppe mit dem Zauberstab pürieren und mit den Gewürzen abschmecken.

TIPP Die Kürbis-Sorten Hokkaido und Futsu black müssen nicht geschält werden, es werden nur der Stielansatz und der Strunk entfernt sowie die Kerne aus dem Inneren des Kürbis herausgeschabt.

Futsu-black-Cremesuppe

20 Basenpunkte | 2 Personen | 35 Min.

1 kleiner Futsu-black-Kürbis (500 g)
2 mittelgroße Kartoffeln
1 kleine Stange Lauch
1 mittelgroße Zwiebel
3 EL geröstetes Kürbiskernöl
frisch gemahlener schwarzer Pfeffer
Galgant
Kurkuma
Liebstöckel
1 EL Sesamsalz
1¾ l Gemüsebrühe (aus 1 Gemüsebrühwürfel)
8 vorgekochte Maronen
3 cm Ingwer

• • •

Den Kürbis waschen, halbieren, die Kerne entfernen und das Kürbisfleisch würfeln. Kartoffeln waschen, schälen und in Stücke schneiden. Lauch waschen, putzen und in Stücke schneiden. — Zwiebel abziehen, klein hacken und im Kürbiskernöl zusammen mit den Gewürzen sehr vorsichtig andünsten. — Nach wenigen Minuten etwas Gemüsebrühe dazugeben, dann das Gemüse mit der restlichen Gemüsebrühe hinzufügen und zum Kochen bringen. — Die Maronen in grobe Scheiben schneiden. Ingwer schälen, klein schneiden und mit den Maronen zur Suppe geben. — Nach 10–15 Min. die Suppe mit dem Zauberstab pürieren und mit den Gewürzen abschmecken. Mit etwas Kürbiskernöl verziert servieren.

Kürbis-Maronen-Cremesuppe >

Rote-Bete-**Cappuccino**

19 Basenpunkte | 2 Personen | 25 Min.

¼ Süßkartoffel
250 g vorgekochte Rote Bete
½ TL frisch geriebener Meerrettich
frisch gemahlener schwarzer Pfeffer
Kräutersalz
frische Kresse
2 Scheiben gekeimtes Brot
(Essener Brot)

• • •

Die Süßkartoffel kochen. Die Rote Bete mit dem Zauberstab pürieren und langsam etwa 200 ml Wasser dazugeben, bis die Rote Bete eine flüssige Konsistenz hat. Das Rote-Bete-Püree in einem Topf erhitzen. — Das Süßkartoffelviertel mit der Gabel zerdrücken und mit dem Meerrettich vermischen. So lange vorsichtig Wasser dazugeben und mit dem Milchaufschäumer schaumig schlagen, bis die Konsistenz sahnig ist. — Rote-Bete-Püree würzen, in 2 Tasse füllen und den Meerrettichschaum darübergeben. Mit etwas Kresse sowie gekeimten Brot servieren.

Schnelle marktfrische **Gemüsesuppe**

20 Basenpunkte | 2 Personen | 15 Min.

1 Gemüsebrühwürfel
1 l Wasser
1 Beutel Saisongemüse (gibt es an vielen Wochenmarktständen mit 6–8 Gemüsesorten, die schon geputzt und vorgeschnitten sind – wenn es schnell gehen muss)
Suppengrün (frisch oder getrocknet)
Kräutersalz

• • •

Den Gemüsebrühwürfel im heißen Wasser auflösen und mit dem Gemüse zusammen in einem Topf zum Kochen bringen. — Das Kräutersalz und das Suppengrün dazugeben und die Gemüse in wenigen Minuten garen. Die Suppe mit Kräutersalz abschmecken.

Kartoffelcreme**suppe**

20 Basenpunkte | 2 Personen | 35 Min.

6 große mehlig kochende Kartoffeln
2 mittelgroße Karotten
1 Zwiebel
2 EL Sonnenblumenöl
2 EL Sesamsalz
1 Prise Muskat
1 l Gemüsebrühe
(aus 1 Würfel Gemüsebrühe)
Schälchen Kresse

• • •

Die Kartoffeln waschen, schälen und vierteln. Die Karotten mit der Gemüsebürste unter fließendem Wasser säubern und in grobe Stücke schneiden. — Die Zwiebel abziehen, sehr klein schneiden und im Öl mit den Gewürzen glasig dünsten. — Die Kartoffel- und Karottenstücke dazugeben und mit der Gemüsebrühe ablöschen. 15–20 Min. kochen lassen, anschließend pürieren. — Die Kresse abbrausen, mit der Schere abschneiden und über der Suppe verteilen.

Minestrone mit Zucchini**spaghetti**

19 Basenpunkte | **2 Personen** | **30 Min.**

1 gerade Karotte
1 große gerade Zucchini
1 kleine Zwiebel
2 EL Sonnenblumenöl
Piment
Liebstöckel
Galgant
1 l Gemüsebrühe
(aus 1½ Gemüsebrühwürfeln)
einige Stängel Glattpetersilie
2 TL geriebener Parmesan

• • •

Die Karotte waschen und schälen. Zucchini waschen, die Enden gerade abschneiden und erst die Zucchini, dann die Karotte mithilfe der Gemüsespaghettimaschine zu Spiralen schneiden. — Die Zwiebel abziehen, fein würfeln und im Öl glasig dünsten. Mit Piment, Liebstöckel und Galgant würzen. — Die Karotten- und Zucchinispaghetti dazugeben, mit Gemüsebrühe auffüllen. Nach wenigen Minuten sind die Gemüse gar, denn die Gemüsespaghetti sind sehr dünn! — Die Petersilie waschen, hacken und untermischen und alles mit dem Parmesan bestreut servieren.

Blumenkohl-cremesuppe

20 Basenpunkte | **2 Personen** | **30 Min.**

1 mittelgroßer Blumenkohl
2 mittelgroße mehlig kochende Kartoffeln
1 Karotte
1 Zwiebel
2 EL Sesamöl
frisch gemahlener weißer Pfeffer
Liebstöckel
1 EL Sesamsalz
1 l Gemüsebrühe
(aus 1 Gemüsebrühwürfel)
Glattpetersilie

• • •

Den Blumenkohl putzen, waschen und in Röschen teilen. Die Kartoffeln waschen, schälen und in Viertel schneiden. Die Karotte waschen und in Stücke schneiden. — Die Zwiebel abziehen, klein schneiden und im Öl glasig dünsten. Mit Liebstöckel, Pfeffer und Sesamsalz würzen. — Gemüse zu den Zwiebeln geben und mit ⅔ der Gemüsebrühe bedecken. Wenn das Gemüse gar ist, alles pürieren, bis eine cremige Suppe entsteht. Bei Bedarf noch Brühe zugeben. Petersilie waschen, klein schneiden und über die Suppe geben.

Klare Gemüsebrühe **mit Ei**

18 Basenpunkte | **2 Personen** | **10 Min.**

1 Gemüsebrühwürfel
1 l Wasser
2–3 Stängel frischer Liebstöckel
(oder Glattpetersilie)
2 Eier

• • •

Das Wasser erhitzen und den Gemüsebrühwürfel darin auflösen. Den Liebstöckel waschen, abtropfen, klein schneiden und zur Gemüsebrühe geben. — Die Eier aufschlagen, zur Gemüsebrühe geben und mit der Gabel kurz verquirlen. Die Brühe noch 1 bis 2 Min. ziehen lassen und servieren.

VARIANTE Noch basischer wird die Brühe, wenn Sie noch einige Gemüsespaghetti dazu kochen – z.B. Karottenspaghetti.

Fenchelcremesüppchen mit gerösteten **Mandeln**

20 Basenpunkte | 2 Personen | 30 Min.

3 mittelgroße Fenchelknollen mit Fenchelgrün
3 mittelgroße Kartoffeln
1 Zwiebel
2 EL Sesamöl
knapp 1 l Gemüsebrühe (aus 1 Gemüsebrühwürfel)
1 EL Sesamsalz
2 EL geröstete gehackte Mandeln
einige Stängel Bibernelle
oder etwas Bibernelelgewürz

• • •

Fenchelknollen putzen, waschen, den Strunk abschneiden und in 4–5 Stücke schneiden. Fenchelgrün zur Seite legen. — Kartoffeln waschen, schälen und in grobe Stücke zerkleinern. — Die Zwiebel abziehen und klein schneiden. Zwiebelstücke im Sesamöl glasig dünsten. — Aus einem Gemüsebrühwürfel und 1 l Wasser eine Gemüsebrühe herstellen. — Fenchel- und Kartoffelstücke zu den Zwiebeln geben und mit der Gemüsebrühe übergießen. Das Gemüse garen - dies dauert 12–15 Min. Mit Sesamsalz abschmecken. — Die Suppe mit dem Pürierstab pürieren. Fenchelgrün und Bibernelle klein schneiden und mit den gerösteten Mandeln über der Suppe verteilen.

< Fenchelcremesüppchen mit gerösteten Mandeln

Gewürz-Kürbis-**Cremesuppe**

20 Basenpunkte | 2 Personen | 40 Min.

1 mittelgroße Zwiebel
2 EL Sonnenblumenöl
Kurkuma
gemahlener Koriander
Galgant
Muskat
schwarzer Pfeffer
Kreuzkümmel
1 mittelgroßer Hokkaidokürbis
1 große Süßkartoffel
1 große Kartoffel
1 cm frischer Ingwer
1 l Wasser
1 EL Sesamsalz
1½ TL Zimt
½ TL Kardamom
2 EL Kürbiskernöl
1 Handvoll geröstete Kürbiskerne

• • •

Die Zwiebel abziehen, klein schneiden und im Sonnenblumenöl vorsichtig glasig dünsten. Je etwas Kurkuma, Koriander, Galgant, Muskat, schwarzen Pfeffer, Kreuzkümmel zugeben und mit andünsten. — Den Hokkaido entkernen und in grobe Stücke schneiden. — Die Süßkartoffel und die Kartoffel mit dem Gemüseschäler schälen, in grobe Stücke schneiden und zu den Zwiebeln in den Topf geben. — Die Kürbisstücke hinzufügen, kurz andünsten, dann das Wasser dazugeben und etwa 12–15 Min. garen. — Den Ingwer schälen und klein hacken oder mit der Ingwerreibe fein reiben. Mit dem Sesamsalz, dem Zimt und dem Kardamom zur Suppe geben und alles pürieren. — Vor dem Servieren das Kürbiskernöl darüberträufeln und mit gerösteten Kürbiskernen verziert servieren.

Kohlrabi-Karotten-Suppe

20 Basenpunkte | 2 Personen | 30 Min.

2 mittelgroße Kohlrabi
2 mittelgroße Karotten
1 Zwiebel
2 EL Sonnenblumenöl
frisch gemahlener weißer Pfeffer
gemahlener Koriander
1 EL Sesamsalz
knapp 1 l Gemüsebrühe (aus 1 Gemüsebrühwürfel)
2 EL gekeimte Linsen
einige Stängel Liebstöckel

• • •

Die Kohlrabi waschen, schälen und in nicht zu große Stücke schneiden. Die Karotten unter fließendem Wasser mit der Gemüsebürste reinigen und in nicht zu grobe Stücke schneiden. — Die Zwiebel abziehen, fein würfeln und im Öl vorsichtig glasig dünsten. Mit Pfeffer, Koriander und Gomasio würzen. — Die Kohlrabi- und Karottenstücke zu den Zwiebeln geben und kurz mit andünsten. Mit der Gemüsebrühe auffüllen und etwa 10–15 Min. garen. Die gekeimten Linsen untermischen — Liebstöckel waschen, zupfen und klein schneiden. Einen Teil davon unter die Suppe mischen. Die fertige Suppe mit dem restlichen Liebstöckel verziert servieren.

TIPP Liebstöckel wird auch als Maggikraut bezeichnet. Falls Sie kein frisches Liebstöckel bekommen, können Sie auch getrocknetes verwenden.

Petersilienwurzel-Cremesuppe mit sautierten Steinchampignons

20 Basenpunkte | 2 Personen | 30 Min.

3 große Petersilienwurzeln
2 große Kartoffeln
1 l Gemüsebrühe (aus ½ Gemüsebrühwürfel)
Liebstöckel
frisch gemahlener schwarzer Pfeffer
Galgant
Koriander
10 kleine Steinchampignons
1 kleine Zwiebel
1–2 EL Sonnenblumenöl
frische Glattpetersilie
2 EL getrocknete gekeimte Braunhirse

• • •

Petersilienwurzeln waschen, schälen und in Stücke schneiden. Kartoffeln waschen, schälen und würfeln. — Gemüsebrühe erhitzen und die Petersilienwurzel- und Kartoffelstücke dazugeben. Die Gewürze hinzufügen und etwa 10–15 Min. kochen. — Steinchampignons trocken mit Küchenkrepp säubern und in dünne Scheiben schneiden. — Die Zwiebel abziehen, klein würfeln und im Öl mit den Pilzen andünsten. — Petersilie waschen, sehr fein schneiden und nach kurzer Zeit zur Suppe dazugeben. Die Suppe pürieren und die sautierten Pilze und die getrocknete Braunhirse vor dem Servieren darüber verteilen.

Gemüsebrühe mit Selleriespaghetti

20 Basenpunkte | 2 Personen | 25 Min.

1 kleine oder ½ Sellerieknolle
1 große Kartoffel
1 kleine Zwiebel
2 EL Sonnenblumenöl
Piment
Liebstöckel
Galgant
1 l Gemüsebrühe
(aus 1½ Gemüsebrühwürfeln)
1 Handvoll frische Brunnen- oder Gartenkresse

• • •

Die Knollensellerie und die Kartoffel waschen und schälen. Erst den Sellerie, dann die Kartoffel mithilfe der Gemüsespaghettimaschine zu Spiralen schneiden. — Die Zwiebel abziehen, fein würfeln und im Öl glasig dünsten. Mit Piment, Liebstöckel und Galgant würzen. — Die Karotten- und Selleriespirali dazugeben, mit Gemüsebrühe auffüllen. Nach wenigen Minuten sind die Gemüse gar, denn die Gemüsespaghetti sind sehr dünn! — Die Kresse abbrausen, mit der Schere abschneiden, die Kresse über die Gemüsebrühe geben und servieren.

Borschtsch

20 Basenpunkte | 2 Personen | 40 Min.

2 große Kartoffeln
2 mittelgroße Rote Bete
1 l Gemüsebrühe
(aus 1½ Gemüsebrühwürfel)
1 kleiner Weißkohl
1 Zwiebel
3 EL Rapsöl
frisch gemahlener schwarzer Pfeffer
2 EL Sesamsalz
Piment
Liebstöckel
gemahlener Bockshornklee

• • •

Die Kartoffeln und die Rote Bete waschen, schälen, in kleine Würfel oder Scheiben schneiden und in der Gemüsebrühe zum Kochen bringen. — Den Weißkohl waschen, den Strunk herausschneiden und den Kohl in dünne Streifen schneiden. Die Zwiebel abziehen und fein würfeln. — Das Öl erhitzen und die Zwiebelwürfel zusammen mit den Gewürzen und den Weißkohlstreifen andünsten und nach wenigen Minuten zu der Kartoffel-Rote-Bete-Mischung geben. Alles 20 Min. köcheln lassen.

TIPP Borschtsch ist eine ukrainische Gemüsesuppe in vielen Varianten, je nach Jahreszeit.

Wintersuppe aus Steckrübenspaghetti

20 Basenpunkte | 2 Personen | 30 Min.

1 gerade Karotte
1 mittelgroße Steckrübe
(Wochenmarkt)
1 kleine Zwiebel
2 EL Sonnenblumenöl
Piment
Liebstöckel
Galgant
1 l Gemüsebrühe
(aus 1½ Gemüsebrühwürfeln)
einige Stängel Glattpetersilie

• • •

Karotte und Steckrübe waschen und schälen. Erst die Karotte, dann die Steckrübe mithilfe der Gemüsespaghettimaschine zu Spiralen schneiden. — Die Zwiebel abziehen, fein würfeln und im Öl glasig dünsten. Mit Piment, Liebstöckel und Galgant würzen. — Die Karotten- und Steckrübenspaghetti dazugeben, mit Gemüsebrühe auffüllen. Nach wenigen Minuten sind die Gemüse gar, denn die Gemüsespaghetti sind sehr dünn! — Die gehackte Petersilie untermischen und servieren.

GEMÜSE UND PILZE

Asia-Wok mit Spitzkohl, Shiitake und Mango

20 Basenpunkte | 2 Personen | 20 Min.

1 mittelgroßer Spitzkohl
4 EL Sesamöl
je 1 Prise gemahlener Bockshornklee, Galgant, Kurkuma, Kreuzkümmel, getrocknetes Lemongras, schwarzer Pfeffer
½ Mango
150 g Shiitakepilze
1 EL Sesamsalz

• • •

Den Spitzkohl in dünne Streifen schneiden, waschen und abtropfen lassen. 2 EL Sesamöl erhitzen und den Spitzkohl mit den Gewürzen unter Rühren im Wok andünsten. Mit einer halben Tasse Wasser ablöschen. — Die halbe Mango schälen und klein würfeln. Die Shiitakepilze mit Küchenkrepp abreiben, in kleine Scheiben schneiden und in 2 EL Sesamöl andünsten. Die Pilze mit etwas Sesamsalz würzen. — Die Mangowürfel gegen Ende der Garzeit unter den Kohl heben. Das Spitzkohlgemüse auf 2 Tellern anrichten und die Shiitakepilze darüber verteilen.

Vitalstoffschonend zubereiten

Achten Sie darauf, Gemüse schonend zuzubereiten. Erhitzen führt immer zu einem mehr oder weniger stark ausgeprägten Vitalstoffverlust. Braten und langes Kochen, bis das Gemüse weich und zerkocht ist, sind die sichersten Vitalstoffkiller. Die Verluste reichen bis zu 45 % (lt. Deutscher Gesellschaft für Ernährung). Es kommt dabei auch darauf an, ob Sie Gemüse ganz garen oder ob Sie es vor dem Garen klein schneiden. Je kleiner das Gemüse geschnitten ist, umso höher ist der Vitalstoffverlust. Auch die Zugabe von Salz führt zu einem höheren Verlust von Mineralien.

Wenn Sie ganz sichergehen wollen, dass Nahrungsmittel keine Vitalstoffe verlieren, dann müssten Sie alles ganz frisch, roh, sehr reif und damit saisonal verzehren – so weit die Theorie. Es gibt einige Menschen, die sich der Rohkost verschrieben haben, diese auch vertragen und damit sehr gesund und fit sind. Es gibt leider eine große Anzahl von Menschen, die eben nur bedingt oder keine Rohkost vertragen und damit vorsichtig umgehen sollten. Was Sie jedoch tun können, ist, nur reifes und saisonales Obst und Gemüse zu verwenden und stets frisch zuzubereiten. Damit haben Sie sehr viel getan, um die Vitalstoffe zu erhalten.

So erhalten Sie Vitalstoffe:

- Schneiden Sie die Gemüse nicht zu klein.
- Vermeiden Sie langes Wässern.
- Geben Sie Salz erst nach dem Erhitzen dazu.
- Garen Sie Gemüse im Gemüsedämpfer oder dünsten Sie es mit wenig Wasser nur kurz an.
- Kaufen Sie Gemüse stets frisch und vermeiden Sie lange Lagerzeiten. Ausnahmen: Kartoffeln, Karotten und andere Wintergemüse sind Lagergemüse – müssen aber sachgerecht gelagert werden.
- Lagern Sie Obst und Gemüse mit lichtempfindlichen Substanzen wie Vitamin C im Dunkeln (Zitrusfrüchte, Paprika).

Unabhängig davon, ob Sie Basenbildner aus konventionellem oder aus Bioanbau verwenden: Achten Sie darauf, die Lebensmittel optimal zu lagern und schonend zu verarbeiten, damit die darin enthaltenen Vitalstoffe weitgehend erhalten bleiben.

Schonend garen mit dem Gemüsedämpfer

Wenn Sie Gemüse in Wasser kochen und dazu noch Gewürze geben, werden die Mineralien aus dem Gemüse ausgeschwemmt und befinden sich am Ende im Kochwasser, das meist weggeschüttet wird. Das Gemüse schmeckt fad, sodass es kräftig nachgewürzt werden muss. Die gesündeste Art, Gemüse zu garen, ist mit dem Gemüsedämpfer. Es handelt sich dabei um ein Topf-im-Topf-System, bei dem der innere Topf eigentlich ein Sieb ist, in das man das Gemüse legt. In den eigentlichen Topf füllt man Wasser, das man erhitzt, sodass das Gemüse über dem Wasser im Wasserdampf

Kochkiste

Vielleicht kennen Sie noch die gute alte Kochkiste? Es gibt keine Garmethode, die energiesparenderer und schonender für die Lebensmittel ist. Das Prinzip ist ganz einfach: Das Gemüse oder Getreide wird angebraten oder aufgekocht – bei Quinoa oder weißem Reis sind das ca. 5 Minuten. Danach wird der Kochtopf in die Kochkiste gegeben und der Inhalt kann weiter garen. Da die Temperatur dort maximal 80 °C beträgt, kommt es weder zum Überkochen noch zum Anbrennen. Das unschlagbar Gute für Berufstätige daran ist: Sie können sich morgens Ihr Gemüse oder Ihr Getreide aufstellen und wenn Sie abends nach Hause kommen, haben Sie ein warmes Gericht, dessen Warmhaltung keinen Cent für Strom oder Gas gekostet hat. Meine Oma hat ihren Kochtopf noch in die Eckbank zwischen dicke Decken gestopft, heute kann man moderne Kochkisten mit passendem Topf kaufen (www.basenfasten.de/shop).

gegart wird. Besser geht es nicht. Das Schöne an diesem Verfahren: Es geht blitzschnell, denn Sie müssen nur ganz wenig Wasser zum Kochen bringen. Mein persönliches Lieblingsgerät: der Vitalis von WMF.

Verwechseln Sie den Gemüsedämpfer nicht mit dem Schnellkochtopf – ein Gemüsedämpfer arbeitet völlig ohne Druck, nur mit Wasserdampf. Gemüsedämpfer gibt es auch aus Bambus und als einzelne Geräte, die wie Kochplatten mit Strom arbeiten. Seit einigen Jahren werden sie auch als Einbaugeräte angeboten. Mit ihnen lässt sich auch Fleisch oder Fisch dämpfen. Wenn Sie sich erst einmal nicht in Kosten stürzen wollen, ist die preiswerte Variante ein faltbares Sieb, das Sie in jeden Kochtopf hängen können und ihn damit zum Gemüsedämpfer umfunktionieren.

So geht's: Geben Sie die Gemüsesorten, die Sie garen möchten, geschält, ungeschält, grob oder fein geschnitten in das Sieb und hängen Sie es in den Kochtopf. Der Kochtopf muss mit dem Deckel verschlossen werden, damit der Dampf drinbleibt. Wenn das Wasser zu kochen beginnt, steigt der Wasserdampf nach oben, gart das Gemüse und erhält dabei weitgehend die Vitalstoffe. Sie werden sehen, dass es bei dieser Garmethode weitgehend seine Farbe behält und viel besser schmeckt.

Wenn Sie Gemüse mit starkem Eigengeschmack wie Fenchel, Petersilienwurzeln oder Rote Bete verwenden, müssen Sie nur ganz wenig würzen. Mit dem Gemüsedämpfer erhalten Sie sich die natürlichen Vitalstoffe weitgehend. Und: Es geht genauso schnell wie andere Garmethoden. In wenigen Minuten ist das Gemüse essfertig. Gemüsedämpfer gibt es in allen Kaufhäusern und Haushaltsgeschäften.

Auberginen – vor oder nach dem Anbraten salzen?

Im Sommer bereite ich gerne Auberginen zu, die, in Scheiben geschnitten und mild angebraten, pur schon so lecker sind, dass ich oft nur ein paar Pellkartoffeln dazu esse.

Nun saugen Auberginen dank ihrer schwammähnlichen Konsistenz eine Menge Öl auf. Vor dem Anbraten salzen oder nicht salzen – an dieser Frage scheiden sich die Geister. Es gibt unterschiedliche Meinungen dazu – auch unter italienischen Köchen, mit denen ich mich schon darüber unterhalten habe.

Es bleibt letztlich dem Koch überlassen, wie er darüber denkt und wann er salzt. Es bietet sich an, sie zuerst zu salzen, denn dadurch benötigt man weniger Öl. Manche argumentieren auch so, dass sie sagen, die Bitterstoffe aus der Schale würden so besser entzogen werden. Dem steht gegenüber, dass man neben den Bitterstoffen damit auch andere wertvolle Inhaltsstoffe entzieht. So empfehlen manche Köche, eine Pfanne mit Salz auszustreuen und danach die Auberginen darin anzubraten.

Besser ist es: Man salzt die Auberginenscheiben, lässt sie etwa 20 Minuten im Salz liegen, spült sie danach ab und tupft sie trocken. Probieren Sie es aus und schauen Sie, was Ihnen besser schmeckt. Auch das ist entscheidend.

Darf Gemüse auch mal angebraten werden?

Auf Dauer ist gedämpftes Gemüse für den ein oder anderen zu fad. Auch wenn Braten immer mit der Bildung schädlicher AGEs (Advanced Glycation Endproducts) verbunden ist, darf es auch hin und wieder mal sein. Achten Sie darauf, das Öl nur leicht zu erhitzen, – also nicht auf höchster Stufe, und geben Sie zum Gemüse nach 1–2 Minuten etwas Wasser zum Ablöschen. So vermindern Sie wirksam den Vitalstoffverlust.

Zuckerschoten-Gemüse-**Potpourri**

20 Basenpunkte | 2 Personen | 30 Min.

2 kleine Kohlrabi
2 kleine Karotten
½ Schalotte
2 Handvoll Zuckerschoten
2 EL Sonnenblumenöl
½ Gemüsebrühwürfel
Kräutersalz
frisch gemahlener weißer Pfeffer
2 EL Hanfsamen, ungeschält

• • •

Die Kohlrabi waschen, schälen und in 1–1,5 cm breite Stifte schneiden. Die Karotten waschen und in 1–1,5 cm breite Stifte schneiden. Die Schalotte abziehen und fein würfeln. — Die Zuckerschoten waschen, abtropfen lassen und die Enden abschneiden. Das Sonnenblumenöl erhitzen und die Schalotten vorsichtig darin glasig dünsten. Die Kohlrabi- und Karottenstifte und die Zuckerschoten dazugeben und unter Rühren kurz erhitzen. — Den Gemüsebrühwürfel in etwas Wasser auflösen und das angedünstete Gemüse damit ablöschen. Machen Sie die Garprobe mit einem Messer. Das Gemüse soll nicht zerkocht sein. Die Hanfsamen zerstoßen und über die fertige Gemüsemischung geben. Mit Kräutersalz und weißem Pfeffer würzen.

VARIANTE Anstelle der Hanfsamen können Sie auch einige frische Walnüsse knacken und klein brechen. Oder nehmen Sie Mandelstifte oder Sonnenblumenkerne.

< Zuckerschoten-Gemüse-Potpourri

Mangoldrolle **an einem Ragout von** Kräuterseitlingen

20 Basenpunkte | 2 Personen | 55 Min.

2 kleine Mangoldblätter
4 große gegarte Pellkartoffeln
½ Bund gemischte Kräuter
1 Tasse Gemüsebrühe
Muskat
weißer Pfeffer
Kerbel
3 kleine Stangen Lauch
2 Stängel Glattpetersilie
3 EL Sesamöl
1 EL Sesamsalz
1 Prise gemahlener Bockshornklee
schwarzer Pfeffer
200 g Kräuterseitlinge

• • •

Mangoldblätter waschen und im Gemüsedämpfer in wenigen Minuten »al dente« garen. Kartoffeln pellen und zerstampfen. — Kräuter hacken und mit Muskat, weißem Pfeffer und Kerbel sowie der Hälfte der Gemüsebrühe unter die Kartoffeln rühren. — Den Lauch gründlich waschen und in feine Ringe schneiden. Die Petersilie waschen und klein schneiden. Den Lauch sanft im Öl andünsten und mit der restlichen Gemüsebrühe ablöschen. Mit Sesamsalz, Bockshornklee und schwarzem Pfeffer würzen. — Die Kräuterseitlinge säubern und in dünne Scheiben schneiden. Pilze zum Lauchgemüse geben und zusammen mit der Glattpetersilie noch einige Minuten dünsten. — Je 2–3 EL Kartoffel-Creme auf ein Mangoldblatt geben, das Blatt darumherum rollen und evtl. mit einem Zahnstocher feststecken. Mit dem Lauch-Pilz-Ragout servieren.

Igel-Stachelbart mit **Kirschtomaten**

19 Basenpunkte | 2 Personen | 30 Min.

250 g Igel-Stachelbart
1 Handvoll reife Kirschtomaten
einige Blätter Basilikum
2 EL Olivenöl
Kräutersalz
2 EL frisch geriebener Parmesan

• • •

Den Igel-Stachelbart falls nötig mit Küchenkrepp säubern und in etwa 2 cm dicke Scheiben schneiden. Die Tomaten waschen und halbieren. — Die Basilikumblätter waschen und klein schneiden. Die Pilze vorsichtig im Öl andünsten. Würzen, Tomaten und Basilikum dazugeben. Mit Parmesan bestreut servieren.

TIPP Igel-Stachelbart ist ein Zuchtpilz, den es ganzjährig in gut sortierten Geschäften oder auf Wochenmärkten gibt.

Antipasti mit Kürbis und **Zucchini**

20 Basenpunkte | 2 Personen | 20 Min.

1 kleiner Futsu black (oder Hokkaido)
1 Zucchini
4 EL Olivenöl
1 EL Sesamsalz
frisch gemahlener schwarzer Pfeffer
1 Handvoll schwarze, ungefärbte Oliven

• • •

Den Kürbis waschen, den Stiel abschneiden und die Kerne mit einem Löffel herausschälen. Den unteren Teil des Futsu black abschneiden. Den Kürbis der Länge nach in 2,5–3 cm dicke Scheiben schneiden. — Zucchini waschen, putzen und in dünne Scheiben schneiden. Das Olivenöl erhitzen und Kürbis und Zucchini vorsichtig anbraten, bis beides gar ist. Mit Sesamsalz und Pfeffer würzen, mit den Oliven garnieren und servieren.

TIPP Futsu black ist ein Kürbis, der wie Hokkaido mit der Schale verzehrt werden kann. Er sieht ziemlich hässlich und unscheinbar aus, hat aber das ultimative Kürbisaroma.

Mandelbrokkoli

20 Basenpunkte | 2 Personen | 30 Min.

500 g Brokkoli
3 EL Mandelblättchen
2 EL Sonnenblumenöl
2 EL Sesamsalz
frisch gemahlener schwarzer Pfeffer

• • •

Den Brokkoli waschen und in Röschen brechen. Den Boden des Gemüsedämpfers bis zur Höhe des Siebeinsatzes mit Wasser bedecken, die Brokkoliröschen in das Sieb geben und das Wasser zum Kochen bringen. Garzeit: wenige Minuten! — Die Brokkoliröschen auf 2 Tellern anrichten und die Mandelblättchen darüber verteilen. Das Sonnenblumenöl mit dem Sesamsalz und dem Pfeffer verrühren und unter die Mandelbrokkoli mischen.

VARIANTE Dieses Rezept können Sie verfeinern, indem Sie Mandelöl, Walnussöl, Arganöl oder Haselnussöl verwenden – etwas teurer, aber köstlich.

Antipasti mit Kürbis und Zucchini >

Gebratener Sesam-**Hokkaido**

20 Basenpunkte | **2 Personen** | **15 Min.**

1 kleiner Hokkaido-Kürbis
1 mittelgroße Zwiebel
2 EL Kürbiskernöl
1 EL schwarzes Sesammus
1 EL Sesamsalz

• • •

Den Hokkaido waschen, den Stiel abschneiden und die Kerne mit einem Löffel herausschälen. Den unteren Teil des Hokkaido abschneiden und den Kürbis der Länge nach in 2,5–3 cm dicke Scheiben schneiden. — Die Zwiebel abziehen und in Streifen schneiden. Das Kürbiskernöl vorsichtig erhitzen und die Zwiebeln zusammen mit dem Kürbis sanft anbraten, bis er gar ist. Das Sesammus vorsichtig untermischen. Mit Sesamsalz bestreuen und servieren.

VARIANTE Verwenden Sie anstatt von Hokkaido auch einmal den aromatischen Butternut-Kürbis, der auch nicht geschält werden muss.

< Gebratener Sesam-Hokkaido

Nussige Kürbis-Mangold-**Pfanne**

20 Basenpunkte | **2 Personen** | **20 Min.**

1 kleiner Mangold
(oder 1 Handvoll Spinat)
1 kleiner Hokkaido-Kürbis
1 kleine Zwiebel
2 EL Kürbiskernöl oder
Sonnenblumenöl
Sesamsalz
frisch gemahlener weißer Pfeffer
Piment
Kurkuma
einige Paranüsse

• • •

Den Mangold waschen, putzen und in Streifen schneiden. Den Hokkaido waschen, den Stiel abschneiden und die Kerne mit einem Löffel herausschälen. Kürbis in kleine Streifen schneiden. — Die Zwiebel abziehen, klein schneiden und im erhitzten Kürbiskernöl vorsichtig andünsten. Kürbis dazugeben und unter ständigem Rühren 15–20 Min. dünsten. Mangold nach etwa 5 Min. dazugeben und unter Rühren andünsten, mit den Gewürzen abschmecken. — Die Paranüsse klein hacken und unter das Gemüse rühren.

Auberginen-Kartoffel-**Gemüse**

20 Basenpunkte | **2 Personen** | **25 Min.**

1 große Kartoffel
1 mittelgroße Aubergine
1 kleine Zwiebel
einige Blätter Basilikum
3 EL Olivenöl
einige schwarze, ungefärbte Oliven
Kräutersalz
frisch gemahlener schwarzer Pfeffer

• • •

Kartoffel waschen, schälen und in kleine Würfel schneiden. Aubergine waschen, putzen und in 3 cm dicke Scheiben schneiden. Die Zwiebel sehr fein würfeln, Basilikum waschen. — Zwiebeln im Olivenöl glasig dünsten. Die Auberginenstücke und die Kartoffeln dazugeben und dünsten – evtl. mit etwas Wasser ablöschen. Oliven und Basilikum dazugeben, mit Kräutersalz und Pfeffer würzen.

Junger Spinat mit Stein**champignons**

20 Basenpunkte | 2 Personen | 25 Min.

300 g junger Spinat
1 große Karotte
150 g Steinchampignons
(oder Champignons)
1 Schalotte
2 EL Sonnenblumenöl
2 EL Sesamsalz
frisch gemahlener schwarzer Pfeffer
Paprikapulver
Kurkuma

• • •

Die Spinatblätter gründlich waschen und abtropfen lassen. Die Karotte mit der Gemüsebürste unter fließendem Wasser abbürsten und klein raspeln. Die Steinchampignons mit einer Pilzbürste oder mit Küchenkrepp abreiben und in dünne Scheiben schneiden. — Die Schalotte abziehen, klein würfeln und im Sonnenblumenöl glasig dünsten. Die Spinatblätter, die Steinchampignons und die Karottenraspel dazugeben und einige Minuten dünsten. Mit Sesamsalz, Pfeffer, Paprika und Kurkuma würzen.

Champignon-Zwiebel-**Pfanne**

19 Basenpunkte | 2 Personen | 15 Min.

6 mittelgroße Zwiebeln
20 kleine Champignons
2 EL Sesamöl
Salz
frisch gemahlener schwarzer Pfeffer
2 EL Crème fraîche

• • •

Die Zwiebeln abziehen und klein schneiden. Die Champignons mit Küchenkrepp abreiben und in feine Scheiben schneiden. — Die Zwiebeln und Champignons im heißen Öl ca. 8 Min. dünsten. Danach die Gewürze und Crème fraîche untermischen.

Lauchgemüse mit Kräuter**seitlingen**

20 Basenpunkte | 2 Personen | 20 Min.

3 kleine Stangen Lauch
2 Stängel Glattpetersilie
2 EL Sonnenblumenöl
½ Tasse Gemüsebrühe
(aus ½ Gemüsebrühwürfel)
1 EL Sesamsalz
1 Prise gemahlener Bockshornklee
frisch gemahlener schwarzer Pfeffer
200 g Kräuterseitlinge

• • •

Die Lauchstangen putzen, gründlich waschen und in feine Ringe schneiden. Die Petersilie waschen und klein schneiden. — Den Lauch leicht im Öl andünsten und mit der Gemüsebrühe ablöschen. Mit Sesamsalz, Bockshornklee und Pfeffer würzen. — Die Kräuterseitlinge mit Küchenkrepp abreiben und in dünne Scheiben schneiden, zum Lauchgemüse geben und zusammen mit der Petersilie noch einige Minuten dünsten.

Lauchgemüse mit Kräuterseitlingen >

Karottenspaghetti mit **Spinat**

20 Basenpunkte | **2 Personen** | **30 Min.**

3 gerade mittelgroße Karotten
2 Handvoll junger Spinat
1 Frühlingszwiebel
2 EL Olivenöl
½ Tasse Gemüsebrühe
1 TL Kräuter der Provence
frisch gemahlener gemischter Pfeffer
1 EL Pistazienkerne

• • •

Die Karotten waschen, mit der Gemüsebürste abbürsten und mit der Gemüsespaghettimaschine zu Spaghetti verarbeiten. Spinat gründlich waschen und abtropfen lassen. — Die Frühlingszwiebel waschen, putzen, klein schneiden und im Öl glasig dünsten. Karottenspaghetti dazugeben und unter ständigem Rühren andünsten. — Nach einigen Minuten den Spinat dazugeben. Die Gemüsebrühe unterrühren und mit den Gewürzen abschmecken. Die Pistazienkerne darüber verteilen.

< Karottenspaghetti mit Spinat

Petersilien-Kohlrabi mit **Ofenkartoffeln**

20 Basenpunkte | **2 Personen** | **25 Min.**

Zutaten für die Ofenkartoffeln (Seite 113)
3 Kohlrabi
1 Schalotte
2 EL Sesamöl oder Sonnenblumenöl
1 EL Sesamsalz
½ Gemüsebrühwürfel
einige Stängel Glattpetersilie

• • •

Die Ofenkartoffeln (Seite 113) vorbereiten und im Backofen garen. — Kohlrabi schälen und in feine Streifen schneiden. Schalotte abziehen und klein würfeln. — Das Sesamöl erhitzen und die Zwiebeln darin glasig dünsten. Kohlrabistreifen und das Sesamsalz dazugeben. Den halben Gemüsebrühwürfel in wenig Wasser auflösen und hinzufügen. — Die gehackte Petersilie gegen Ende der Garzeit zugeben. Mit den Ofenkartoffeln zusammen anrichten.

TIPP Lässt sich wunderbar mit etwas gekeimtem Hummus (Wacker Mousse) aufpeppen.

Italienisches Staudensellerie-**Gemüse**

18 Basenpunkte | **2 Personen** | **20 Min.**

1 mittelgroße Selleriestaude
1 Handvoll schwarze, ungefärbte Oliven
3 EL gehackte Kräuter (Glattpetersilie, Schnittlauch)
4 TL Sesam
2 TL Sesamsalz
frisch gemahlener schwarzer Pfeffer
3 EL Olivenöl
4 TL geriebener Parmesan

• • •

Sellerie putzen, in kleine Stifte schneiden und im Gemüsedämpfer gar dämpfen. — Oliven, Kräuter, Sesam, Sesamsalz, Pfeffer und Olivenöl untermischen und das Gemüse mit Parmesan bestreuen.

TIPP So wird es bunter: Eine mittelgroße Karotte unter fließendem Wasser mit der Gemüsebürste säubern und in Stifte schneiden. Karotten mit dem Staudensellerie in den Gemüsedämpfer geben.

Mediterranes Gemüse **al forno**

18 Basenpunkte | 2 Personen | 35 Min.

1 große Aubergine
1 mittelgroße Zucchini
3 EL aromatisches Olivenöl
Kräutersalz
frisch gemahlener schwarzer Pfeffer
Zitronenthymian oder Thymian
6–8 Kirschtomaten
2 kleine Büffelmozzarella
einige Blätter Basilikum

• • •

Die Aubergine waschen, den Strunk entfernen und in dünne Scheiben schneiden. Die Zucchini waschen, putzen und in Scheiben schneiden. Auberginen und Zucchini im Gemüsedämpfer in wenigen Minuten al dente garen. — Den Backofen auf 180 Grad (Umluft 160 Grad) vorheizen. Eine Auflaufform mit 1 EL Olivenöl auspinseln, mit den Zucchini- und Auberginenscheiben auslegen, Kräutersalz, Pfeffer und Zitronenthymian darüberstreuen. — Die Kirschtomaten waschen, halbieren und darüber verteilen. — Mozzarella in Scheiben schneiden, auf dem Gemüse verteilen und mit 2 EL Olivenöl beträufeln. Im Backofen 10–15 Min. überbacken. Vor dem Servieren mit den Basilikumblättern dekorieren.

Zucchinispaghetti mit Kräuter**seitlingen**

20 Basenpunkte | 2 Personen | 30 Min.

2 mittelgroße, gerade Zucchini
1 kleine Zwiebel
4 EL Sonnenblumenöl
¼ l Gemüsebrühe
150 g Kräuterseitlinge
einige Stängel frische Glattpetersilie
frisch gemahlener schwarzer Pfeffer
Kräutersalz

• • •

Die Zucchini waschen, schälen und mithilfe der Gemüsespaghettimaschine zu Spaghetti verarbeiten. — Die Zwiebel abziehen, klein schneiden und die Hälfte in 2 EL Öl andünsten. Die Zucchinispaghetti dazugeben, etwas Gemüsebrühe hinzufügen und unter ständigem Rühren weiterdünsten. — Die Kräuterseitlinge mit Küchenkrepp abreiben und gegebenenfalls klein schneiden. — Die Petersilie waschen und mit dem Wiegemesser fein hacken. In einem anderen Topf die restlichen Zwiebeln in 2 EL Öl glasig dünsten und die Kräuterseitlinge dazugeben. Mit etwas Gemüsebrühe ablöschen, würzen und die Petersilie dazugeben. — Die Zucchinispaghetti auf einem Teller anrichten und die gedünsteten Kräuterseitlinge darüber verteilen.

Mediterranes Gemüse al forno >

Fenchel al Manchego

19 Basenpunkte | 2 Personen | 40 Min.

2 mittelgroße Fenchelknollen mit Fenchelgrün
4 reife Eiertomaten
3 EL Walnussöl oder Haselnussöl
2 EL Sesamsalz
weißer Pfeffer
1 EL gemahlene Mandeln
3 EL frisch geriebener Manchego (spanischer Hartkäse)

• • •

Fenchel waschen, die äußeren Blätter entfernen und die Knolle halbieren. Fenchelgrün waschen und klein schneiden. Tomaten waschen und klein würfeln. Die Fenchelhälften im Gemüsedämpfer ca. 10 Min. garen. — Tomatenstücke im Öl kurz andünsten, mit Sesamsalz und Pfeffer würzen und von der Kochstelle nehmen. Tomaten mit dem Fenchelgrün, den gemahlenen Mandeln und dem Manchego mischen. — Die Fenchelhälften in eine eingeölte Auflaufform legen, die Tomaten-Käse-Mischung darübergeben und etwa 10 Min. im vorgeheizten Backofen (Umluft 180 Grad) überbacken.

< Fenchel al Manchego

Zucchinipfännchen

18 Basenpunkte | 2 Personen | 30 Min.

2 kleine Zucchini
Olivenöl
150 g reiner Schafskäse
2 Handvoll reife Kirschtomaten
frischer Basilikum
½ TL Kräuter der Provence (falls Sie frische mediterrane Kräuter wie Oregano, Rosmarin oder Thymian haben, verwenden Sie, was da ist)
2 Handvoll schwarze, ungefärbte Oliven

• • •

Die Zucchini waschen, halbieren und in sehr dünne Scheiben schneiden. Eine ofenfeste Form mit etwas Olivenöl auspinseln, den Schafskäse abtropfen lassen und hineinlegen. — Die Kirschtomaten waschen, halbieren und mit den Zucchini in die Form legen. — Die Kräuter dazugeben und im Backofen bei 180 Grad (Umluft 160 Grad) 15 Min. garen. Gegen Ende der Garzeit die Oliven dazugeben.

Paprika-Zucchini-Gemüse

18 Basenpunkte | 2 Personen | 35 Min.

1 rote und 1 gelbe Paprika
2 kleine Zucchini
2 EL Olivenöl
Kräutersalz
frisch gemahlener schwarzer Pfeffer
150 g reiner Schafskäse
1 Handvoll schwarze, ungefärbte Oliven
1 gestrichener TL Kräuter der Provence

• • •

Die Paprika waschen, den Strunk herausschneiden und die Paprika in dünne Streifen schneiden. Die Zucchini waschen, putzen, halbieren und in dünne Scheiben schneiden. — Das Olivenöl erhitzen, die Paprika und die Zucchini darin vorsichtig andünsten und die Gewürze und Kräuter der Provence dazugeben. — Den Schafskäse in kleine Würfel schneiden und mit den schwarzen Oliven gegen Ende der Garzeit dazugeben und untermischen.

Pecorino-**Lauchgratin**

17 Basenpunkte | 2 Personen | 40 Min.

3 kleine Stangen Lauch
1 mittelgroße Karotte
3 EL Sesamöl
frisch gemahlener schwarzer Pfeffer
1 EL Sesamsalz
einige Stängel Glattpetersilie
1 Becher Kräuter-Crème-fraîche (Bio)
3 TL gehackte Mandeln (können auch geröstet sein)
50 g Pecorino

• • •

Die Lauchstangen gut putzen und waschen, den Wurzelansatz entfernen. Lauchstangen der Länge nach vierteln und in etwa 4–6 cm lange Streifen schneiden. — Die Karotte mit der Gemüsebürste unter fließendem Wasser säubern und in kleine, dünne Stifte schneiden. — Das Sesamöl in einem Topf erhitzen und den Lauch und die Karotte kurz andünsten, mit Sesamsalz und Pfeffer würzen und mit etwas Wasser ablöschen. — Eine feuerfeste Form mit Öl auspinseln und das Lauchgemüse hineingeben. Crème fraîche über das Lauchgemüse verteilen, mit den gehackten Mandeln bestreuen und den Pecorino darüberreiben. — Im vorgeheizten Backofen - Umluft bei 180 Grad etwa 10 Min. überbacken - die Käsekruste sollte nicht zu braun werden.

Pak Choi mit Kräuterseitlingen und **Kartoffeln**

20 Basenpunkte | 2 Personen | 20 Min.

400 g Kartoffeln (Bamberger Hörnchen)
Olivenöl
Pfeffer
Salz
1 mittelgroßer Pak Choi
4 kleine Zucchini
1 mittelgroße Zwiebel
Kräutersalz
gemahlener Bockshornklee
Kurkuma
frischer Ingwer
1 Handvoll Kräuterseitlinge

• • •

Die Kartoffeln waschen, bürsten, längs halbieren und auf einem Backblech verteilen. Die Schnittflächen mit Olivenöl bestreichen, mit Pfeffer und Salz würzen und bei 220 Grad Umluft je nach Größe etwa 20–30 Min. im Backofen garen. — Pak Choi und Zucchini putzen, waschen und in Streifen schneiden. Zwiebel abziehen, klein schneiden und in Öl anbraten. Pak Choi und Zucchini dazugeben, unter Rühren andünsten, etwas Wasser dazugeben, mit Kräutersalz und Pfeffer würzen und al dente garen. — Kurkuma, Bockshornklee und frisch geriebenen Ingwer dazugeben. Pak Choi und Zucchini bei geschlossenem Deckel fertig garen. — Pilze mit Küchenkrepp abreiben, in Viertel schneiden und in etwas Öl anbraten. Gemüse, Kartoffeln und Pilze auf dem Teller getrennt anrichten.

Kräuter- Champignon-**Rührei**

16 Basenpunkte | 2 Personen | 15 Min.

200 g frische Champignons
1 Handvoll frische Kräuter (Glattpetersilie, Schnittlauch und Bibernelle)
4 Eier (Bio)
Kräutersalz
frisch gemahlener weißer Pfeffer
2 EL Sonnenblumenöl

• • •

Die Champignons mit Küchenkrepp abreiben, den Stiel herausdrehen und die Hüte in dünne Scheiben schneiden. Die Kräuter waschen, abtropfen lassen und klein schneiden. — Die Eier in eine Schüssel geben und mit Kräutersalz, Pfeffer und den Kräutern vermischen. 2 TL Kräuter für die Dekoration zurückbehalten. — Das Sonnenblumenöl in einer Pfanne erhitzen und die Champignons darin leicht andünsten. Nach 2–3 Min. das Ei dazugeben, stocken lassen, vorsichtig wenden und weitere 2 Min. stocken lassen. — Das Kräuter-Rührei auf zwei Teller verteilen und mit den restlichen frischen Kräutern dekorieren.

Pochiertes Ei im Glas auf **Spinat**

18 Basenpunkte | 2 Personen | 15 Min.

500 g Babyspinat
1 kleine Zwiebel
2 EL Sonnenblumenöl
½ Gemüsebrühwürfel
2 Eier (Bio)
Sesamsalz

• • •

Den Spinat waschen und abtropfen lassen. Die Zwiebel sehr klein würfeln und in einem Topf mit Sonnenblumenöl glasig dünsten. Den Spinat dazugeben und kurz andünsten. — Den halben Gemüsebrühwürfel in einer halben Tasse heißem Wasser auflösen und zum Spinat geben. Noch einige Minuten dünsten, bis der Spinat zusammengefallen ist. — Wasser in einem Topf zum Kochen bringen. Das erste Ei in eine Schöpfkelle aufschlagen und langsam in das kochende Wasser gleiten lassen. Nach etwa 3–5 Minuten herausnehmen. Mit dem zweiten Ei genauso verfahren. — Den Spinat in 2 gerade Gläser schichten und je ein Ei mit der Schöpfkelle auf den Spinat legen. Vor dem Servieren etwas Sesamsalz darüberstreuen.

Sommerliches Tomaten-**Rührei**

16 Basenpunkte | 2 Personen | 15 Min.

200 g sehr reife Tomaten (oder reife Kirschtomaten)
1 Handvoll frische Basilikumblätter
4 Eier (Bio)
2 EL Sonnenblumenöl
Kräutersalz
frisch gemahlener weißer Pfeffer

• • •

Die Tomaten waschen, den Strunk und den Stielansatz entfernen und die Tomaten in Scheiben schneiden. — Die Basilikumblätter waschen, abtropfen lassen und klein zupfen. — Die Eier in einer Schüssel verquirlen und mit Kräutersalz, Pfeffer und dem Basilikum vermischen. Einige kleinere Blätter für die Dekoration zurückbehalten. — Das Sonnenblumenöl in einer Pfanne erhitzen und die Eier und die Tomatenscheiben dazugeben, stocken lassen – etwa 2 Min. Die Mischung vorsichtig wenden und weitere 2 Min. stocken lassen. — Rührei auf zwei Teller verteilen und mit den restlichen Basilikumblättchen dekorieren.

BASENWUNDER KARTOFFELN

Pellkartoffeln mit Wildkräuter**quark**

18 Basenpunkte | 2 Personen | 25 Min.

10 mittelgroße festkochende Kartoffeln
½ Bund Wildkräuter
250 g Sahnequark (40 %)
1 EL Sesamsalz
1 TL Schwarzkümmelsamen
frisch gemahlener schwarzer Pfeffer
½ Schälchen Kresse

• • •

Die Kartoffeln waschen und mit der Schale im Gemüsedämpfer garen. Die Wildkräuter waschen und fein hacken. — Den Quark mit dem Sesamsalz würzen. Schwarzkümmel dazugeben und den Pfeffer darübermahlen. Die Kräuter unter die Quarkmasse heben und durchziehen lassen. — Die Kresse abbrausen, mit einer Schere abschneiden und über den Wildkräuterquark streuen.

Ideales Abendessen

Meine Kartoffelgerichte eignen sich vor allem für abends, wenn es schnell gehen soll und Ihr Magen vor Hunger rebelliert. Wenn Sie berufstätig sind, bietet es sich an, dass Sie immer einige gekochte Kartoffeln im Kühlschrank bereithalten. Die können Sie abends binnen Minuten in etwas Öl oder Butter anwärmen und nach Belieben mit Kräutern, Sesam oder anderen passenden Zutaten verfeinern. Am besten schmecken Kartoffeln natürlich, wenn sie frisch gekocht sind – als Pellkartoffeln beispielsweise. Auch diese sind, besonders wenn Sie kleine Kartoffeln verwenden, in wenigen Minuten gar. Kartoffeln schmecken auch prima mit einem basischen Aufstrich (Seite 26). Und wenn es einmal ganz schnell gehen muss, gibt es im Bioladen oder im Reformhaus andere basenreiche Fertigcremes aus dem Glas, wie beispielsweise Paprikacreme oder Rucolapesto, die mit Pellkartoffeln ein schnelles Abendessen ergeben.

Unendliche Vielfalt

Weltweit gibt es ungefähr 2000 verschiedene Kartoffelsorten und in Deutschland werden etwa 120 verschiedene Sorten angebaut. Schauen Sie doch beim nächsten Einkauf mal genau auf die Etiketten. Oder noch besser: Auf dem Wochenmarkt werden meist gleich mehrere Sorten angeboten. Und fragen Sie doch bei Ihrem Bio-Bauern nach, welche Sorten er anbaut. Unter www.kartoffelvielfalt.de finden Sie alle Informationen über Kartoffeln und deren Eigenschaften und Sie haben sogar die Möglichkeit, im Onlineshop Speise- und Pflanzkartoffeln zu bestellen, z.B. die Sorten La Bonnotte, Roseval, Rode Erstling, Emma, Fringilla, Sieglinde oder Blaue Elise. Die Kartoffelknolle wird in drei verschiedene Kochtypen eingeteilt:

Fest kochend: Die Schale platzt beim Kochen meist nicht auf, die gekochten Kartoffeln lassen sich gut schneiden. Festkochende Kartoffelsorten sind beispielsweise gut geeignet für Kartoffelsalat, Bratkartoffeln und Kartoffelgratins. Festkochende Sorten sind Princess, Sieglinde, Simone, Nicola, Linda, Selma, Cilena.

Vorwiegend festkochend: Mittelfeste bis weiche Knollen, geeignet für Salzkartoffeln, Pellkartoffeln und Bratkartoffeln. Vorwiegend festkochende Sorten sind Agria, Satina, Secura, Granola.

Mehligkochend: Die Schale platzt beim Kochen auf. Mehligkochende Kartoffeln werden für Püree, Suppen oder Klöße und als Folienkartoffel verwendet. Mehligkochende Sorten sind Aula, Irmgard, Karlena, Likaria.

Abends kein Eiweiß zu den Kartoffeln

Die Kartoffelgerichte im Rezeptteil sind ideal fürs Abendessen geeignet: lecker, rein basisch und schnell zubereitet. Doch Kartoffeln mit ihrem hohen Kohlenhydratgehalt sind bei vielen Menschen am Abend verpönt. Was ist dran am Übeltäter Kohlenhydrate? Tatsächlich haben Forschungen der vergangenen Jahre ergeben, dass Kohlenhydrate am Abend langsamer und vor allem schlechter verwertet werden können – das hängt mit der inneren Uhr (Chronobiologie) des Körpers zusammen, sodass Kohlenhydrate im Abendessen den Glukosespiegel teils um das 10-Fache erhöhen und damit zu einer Insulinüberproduktion führen.

Für Basenfasten interessant sind die Forschungsergebnisse von Dr. med. Fautek (Schwerpunkt Chronobiologie): Diese Insulinüberproduktion wird vermieden, wenn man auf den üblichen Mix aus Kohlenhydraten und Eiweiß verzichtet. Das heißt, Kartoffeln mit etwas Gemüse oder eine Kartoffelsuppe am Abend erhöhen den Blutzuckerspiegel nicht dramatisch.

Einige Gemüsesorten essen Sie besser mittags, weil Ihr Organismus sie dann leichter verdauen kann, wie Pilze und Paprika. Manche Menschen können auch gedünstete Zwiebeln und Oliven am Abend schwerer verdauen.

Provençalische Ofenkartoffeln »La Ratte««

20 Basenpunkte | 2 Personen | 35 Min.

10 kleine festkochende Kartoffeln
1 EL Olivenöl
Fleur de Sel
Kräuter der Provence

• • •

Die Kartoffeln mit der Gemüsebürste unter fließendem Wasser gut abreiben und halbieren. Die Kartoffeln mit der Schnittfläche nach oben auf ein mit Backpapier ausgelegtes Backblech legen. — Die Kräuter der Provence und das Fleur de Sel mit dem Olivenöl vermischen und auf die Schnittflächen der Kartoffeln streichen — Im Backofen bei 190 Grad (Umluft 170 Grad) je nach Größe der Kartoffeln in ca. 25 Min. kross backen.

TIPP Die Kartoffelsorten La Ratte und Bamberger Hörnchen eignen sich besonders gut – gibt es auf dem Wochenmarkt.

Schwenkkartoffeln mit frischen Kräutern

20 Basenpunkte | 2 Personen | 25 Min.

10 mittelgroße festkochende Kartoffeln
1 Bund Wildkräuter oder 1 Handvoll frische gemischte Kräuter
2 EL Sonnenblumenöl
1 EL Kräutersalz
frisch gemahlener schwarzer Pfeffer

• • •

Die Kartoffeln waschen, schälen, in Schnitze schneiden und im Gemüsedämpfer garen. — Die Kräuter waschen und klein hacken. Das Öl vorsichtig erhitzen und die Kartoffeln darin schwenken. Mit Kräutersalz und Pfeffer würzen, die Kräuter darüberstreuen und servieren.

VARIANTE Dieses Rezept schmeckt auch lecker, wenn Sie die Kartoffeln nicht in Öl, sondern etwas Butter schwenken. Immer noch recht basisch – es gibt nur 1 Punktabzug, also 19 Basenpunkte.

Pellkartoffeln mit Olivencreme

20 Basenpunkte | 2 Personen | 25 Min.

10 mittelgroße festkochende Kartoffeln
1 Glas Olivencreme (von verschiedenen Bioanbietern und in italienischen Feinkostgeschäften)

• • •

Die Kartoffeln waschen und mit der Schale im Gemüsedämpfer garen – dauert nur wenige Minuten. Die Kartoffeln pellen, halbieren und die Olivencreme darüberstreichen.

TIPP Pellkartoffeln schmecken auch lecker mit Rucolapesto, mit Basilikumpesto oder mit einer Wacker Mousse. Gibt es in Bioläden fertig zu kaufen.

Kartoffel-Mangold-**Pfanne**

20 Basenpunkte | 2 Personen | 25 Min.

2 große Kartoffeln
2 Lauchzwiebeln
1 kleiner Mangold
3 EL Rapsöl
2 TL Schwarzkümmelsamen
2 EL Sesamsalz
schwarzer Pfeffer

• • •

Kartoffeln schälen und klein würfeln. Lauchzwiebeln waschen und in feine Ringe schneiden. Mangoldblätter waschen und in feine Streifen schneiden. — Lauchzwiebeln im Öl glasig dünsten. Zuerst die Mangoldstiele, dann nach 2 bis 3 Minuten die Mangoldblätter und Kartoffeln dazugeben und unter Rühren andünsten. — Mit etwas Wasser ablöschen. Schwarzkümmel untermischen und mit Pfeffer und Sesamsalz abschmecken.

Kartoffelbrei mit Kräutern der **Provence**

20 Basenpunkte | **2 Personen** | **20 Min.**

6 große festkochende Kartoffeln
1 Handvoll Kräuter der Provence (Thymian, Oregano, Majoran, Rosmarin oder was Sie an südlichen Kräutern im Garten oder auf dem Balkon haben)
1 Gemüsebrühwürfel
2 EL Olivenöl

• • •

Die Kartoffeln waschen und im Gemüsedämpfer garen. Die Kartoffeln pellen und stampfen oder durch die Spätzlepresse drücken. — Die Kräuter waschen, abtropfen lassen und mit dem Wiegemesser klein hacken. ½ l Wasser erhitzen, den Brühwürfel darin auflösen und ein Drittel der Gemüsebrühe zusammen mit den Kräutern und dem Olivenöl unter die Kartoffelmasse rühren. Nach und nach die restliche Gemüsebrühe unterrühren, bis die Masse schön breiig ist.

VARIANTE Schmeckt auch lecker nur mit Basilikum.

Pikante Blumenkohl-Süßkartoffel-**Pfanne**

20 Basenpunkte | **2 Personen** | **25 Min.**

1 kleiner Blumenkohl
1 Bund gemischte Kräuter
1 Süßkartoffel
2 EL Sesamöl
etwas Kurkuma
schwarzer Pfeffer
gemahlener Bockshornklee
frischer Ingwer

• • •

Den Blumenkohl waschen und die Röschen sehr klein schneiden. Die Kräuter waschen, abtropfen lassen und klein schneiden. Die Süßkartoffel waschen, schälen und in Würfel schneiden. — Das Sesamöl erhitzen, die Blumenkohlröschen und die Süßkartoffelwürfel darin andünsten und die Gewürze zugeben. Den Ingwer schälen, auf der Ingwerreibe fein reiben und unter das Gemüse mischen. — Eine kleine Menge Wasser zugeben, damit das Gemüse ein wenig »Sugo« hat. Gegen Ende der Garzeit die Kräuter untermischen.

Kartoffel-Butter**spätzle**

20 Basenpunkte | **2 Personen** | **20 Min.**

5 mittelgroße festkochende Kartoffeln
Kräutersalz
Muskat
2 EL Butter
2 EL frische, gehackte Kräuter (wie Glattpetersilie und Bibernelle)

• • •

Die Kartoffeln waschen und im Gemüsedämpfer garen. Anschließend pellen und durch die Spätzlepresse drücken. — Mit etwas Kräutersalz und Muskat würzen, die Butter in Flöckchen und die Kräuter darübergeben und servieren.

TIPP Für den großen Hunger oder wenn Sie nicht abnehmen wollen: Essen Sie die Kartoffelspätzle als Beilage zu einem saisonalen Gemüsegericht.

Herbstliches Mangold-Kräuterseitling-**Gemüse auf einem Bett von** Süßkartoffeln

20 Basenpunkte | **2 Personen** | **40 Min.**

1 große Süßkartoffel
2 Lauchzwiebeln
1 Handvoll Kräuterseitlinge (wahlweise auch Egerlinge oder Champignons)
einige Stängel frische Glattpetersilie
1 kleiner grüner Mangold (gibt es auch rotstielig)
3 EL Sonnenblumenöl
2–3 EL Sesamsalz
frisch gemahlener schwarzer Pfeffer

• • •

Die Süßkartoffel waschen, schälen und in 2–3 cm große Würfel schneiden. Die Süßkartoffelwürfel im Gemüsedämpfer garen. Vorsicht: Durch die geringe Wassermenge kocht das Wasser sehr schnell und die Süßkartoffeln werden im Dampf innerhalb weniger Minuten gar. — Die Lauchzwiebeln waschen, putzen und in feine Ringe schneiden. Die Kräuterseitlinge falls nötig mit Küchenkrepp abreiben und klein schneiden. — Die Glattpetersilie waschen und mit einem Wiegemesser fein schneiden. Den Mangold putzen, gründlich waschen und in Streifen schneiden, dabei die Stiele und Blätter getrennt legen. — Die Lauchzwiebeln im Öl glasig dünsten. Zuerst die Mangoldstiele, dann nach 2 bis 3 Minuten die Mangoldblätter dazugeben und unter Rühren dünsten. — Nach wenigen Minuten die Kräuterseitlinge dazugeben und weiterdünsten – evtl. mit 1–2 EL Wasser ablöschen. Die Gemüsemischung mit Sesamsalz und Pfeffer abschmecken. — Am Ende der Garzeit die Glattpetersilie dazugeben und umrühren – nicht weiter erhitzen, so bleiben die Vitalstoffe der Petersilie vollständig erhalten. — Die Süßkartoffeln auf einem Teller so anrichten, dass sie den Tellerboden bedecken. Das Mangold-Kräuterseitling-Gemüse so darübergeben, dass es in der Mitte des Tellers liegt.

Kartoffel-Zwiebel-**Gemüse**

20 Basenpunkte | **2 Personen** | **20 Min.**

10 mittelgroße festkochende Kartoffeln
2 Zwiebeln
3 EL Sonnenblumenöl
1 EL Sesamsalz
2 EL Sesam
frisch gemahlener schwarzer Pfeffer

• • •

Die Kartoffeln mit der Schale im Gemüsedämpfer garen. Die Kartoffeln pellen und der Länge nach in dünne Schnitze schneiden. — Die Zwiebeln schälen, in Ringe schneiden, im erhitzten Sonnenblumenöl leicht braun werden lassen und die Gewürze und den Sesam dazugeben. — Die Kartoffelschnitze dazugeben und mit der Zwiebel-Öl-Mischung vermengen.

Kartoffel-Fenchel-**Gemüse**

20 Basenpunkte | **2 Personen** | **25 Min.**

2 kleine Fenchelknollen
6–8 kleine festkochende Kartoffeln
3 Stängel Glattpetersilie
2 EL Sesam- oder Sonnenblumenöl
2 EL Sesamsalz
1 TL Mandelmus oder einige Mandelblättchen

• • •

Fenchel waschen, die äußeren Blätter entfernen und die Knolle halbieren. Kartoffeln waschen und halbieren. — Fenchel auf die eine Seite, Kartoffeln auf die andere Seite des Gemüsedämpfersiebes geben und beides 8–10 Min. garen. — Petersilie waschen, klein schneiden und mit dem Sesamöl, dem Sesamsalz und dem Mandelmus mischen und die gegarten Kartoffeln darin wälzen. — Die Fenchelhälften auf einem Teller anrichten und die Petersilienkartoffeln darübergeben.

Staudensellerie mit Kartoffeln **und Rucola**

20 Basenpunkte | **2 Personen** | **25 Min.**

2 große Kartoffeln
3 Stängel Staudensellerie
1 Handvoll Rucola
3 EL Sonnenblumenöl
2 EL Sesamsalz
frisch gemahlener schwarzer Pfeffer

• • •

Die Kartoffeln waschen, schälen und in 2–3 cm große Würfel schneiden. Sellerie putzen, waschen, in feine Scheibchen schneiden und mit den Kartoffeln im Gemüsedämpfer garen. — Rucola waschen und abtropfen lassen. Rucola im Öl vorsichtig erwärmen. Die Gewürze dazugeben und mit dem Kartoffel-Sellerie-Gemüse vermischen.

GETREIDE-VIELFALT

Sommergemüse mit Hirsenudeln

18 Basenpunkte | 2 Personen | 20 Min.

1 mittelgroße Zucchini
10 reife Kirschtomaten
1 mittelgroße Zwiebel
3 EL Olivenöl
1 Handvoll schwarze, ungefärbte Oliven
Kräutersalz
frisch gemahlener schwarzer Pfeffer
250 g Hirsenudeln (Bioladen)
Salz
einige Blätter Basilikum

• • •

Die Zucchini waschen, putzen und in dünne Streifen schneiden. Die Tomaten waschen und halbieren. — Die Zwiebel abziehen und klein schneiden. Zwiebel und Zucchini mit dem Kräutersalz und dem Pfeffer im Olivenöl andünsten. Mit etwas Wasser ablöschen und etwa 10 Min. garen. Die Tomaten wenige Minuten mitdünsten, die Oliven halbieren und dazugeben. — Die Hirsenudeln nach Packungsanweisung in Salzwasser kochen. Das Sommergemüse untermischen, mit Basilikum dekorieren und servieren.

Weizen und Co.

Sich basenreicher zu ernähren heißt auch, allmählich von den ewig gleichen und langweiligen Säurebildnern wegzukommen. Jenseits von Brot, Brötchen, Hartweizennudeln, Pizza und Kuchen bietet die Getreidewelt eine geschmackliche und gesundheitliche Vielfalt, die zu entdecken sich lohnt. Allein schon, wenn Sie jeden Tag eine andere Getreidesorte essen, wie z.B. Brot mit Gerste, Müsli mit Hirse, Quinotto oder Dinkelnudeln, bereichern Sie dadurch Ihren Speiseplan und sichern gleichzeitig auch die Vitalstoffzufuhr.

Am meisten Vitalstoffe enthalten Backwaren aus Vollkorn. Als Vollkorn bezeichnet man ein Getreide immer dann, wenn es aus dem ganzen Korn besteht und noch die mineralienreichen Randschichten enthält.

Weizen gehört neben Gerste wohl zu den ältesten Getreidearten der Welt – man weiß, dass es im alten Persien und Ägypten angebaut wurde. Damals wurden die Arten Einkorn, Emmer und Dinkel gibt. Auch Kamut, eine Weizenart, stammt ursprünglich aus Ägypten. Vom Emmer, den es heute wieder zu kaufen bekommt, stammt der Hartweizen ab, aus dem Teigwaren hergestellt werden (Nudeln aus Hartweizengrieß). Zur Dinkelreihe gehört der heutige Saatweizen oder Nacktweizen – aus dem immer wieder neue Arten gezüchtet werden. In den vergangenen Jahren sind dank der sich ausbreitenden Bioszene die alten Weizenarten wie Einkorn, Emmer, Kamut und Dinkel wieder populär geworden und erweisen sich vor allem bei magen- und darmempfindliche Menschen als gute Alternative zu den neuen Züchtungen.

Grünkern ist nichts anderes als unreif geernteter Dinkel, weshalb er auch, bei genauem Betrachten ein grünlich schimmerndes Aussehen hat. Der unreife Dinkel wird dann »gedarrt« – zum Trocknen ausgelegt. Grünkern schmeckt recht würzig und kann auch zusammen mit Gemüse zu einer herzhaften Suppe verarbeitet werden. Er ist nicht ganz so gut verdaulich wie der reife Dinkel.

Weizen und Roggen sind wesentlich stärker säurebildend und schwerer verdaulich als die alten Weizenarten Dinkel, Emmer, Einkorn und Kamut.

Roggen enthält wie alle Getreide außer Mais einen hohen Kieselanteil, was vor allem Bindegewebe, Haut, Haare und Nägel stärkt. Auch Vitamin A ist reichlich in Roggen enthalten. Von Nachteil ist, dass Roggen schwerer verdaulich ist als Weizen und Weizen wiederum schwerer verdaulich als andere Getreide. Wenn Sie einen empfindlichen Magen-Darm-Trakt haben oder an Verdauungsproblemen leiden, sollten Sie auf leichtere Getreidesorten wie Hirse, Reis, Braunhirse, Hafer, Quinoa, Amaranth und Gerste umsteigen.

Und nicht jedes Getreide ist gleich sauer, die Säurewirkung nimmt von oben nach unten ab:

— Weißmehlprodukte aus Weizen
— Weißmehlprodukte aus Dinkel
— Schmelzflocken und ähnliche Flocken
— polierte Getreide – z.B. weißer Reis

Vollkornprodukte:

— Roggen, Weizen
— Kamut, Emmer
— Gerste, Hafer
— Grünkern
— Mais
— Hirse
— Braunhirse

Gerste – als Flocken oder im Brot

Die Gerste gehört neben dem Weizen zu den ältesten Getreidearten der Welt. Sie ist besonders kieselreich und bildet beim Keimen das süße Malz, was in der Bierherstellung genutzt wird. Die Keimlinge der Gerste sind zudem besonders reich an Enzymen. Beliebt ist seit einiger Zeit auch der Saft aus frischem Gerstengras, ein echter Vitalstoffcocktail – nicht zu verwechseln mit dem vergorenen Gerstensaft – dem Bier. Gerstengras lässt sich auf der Fensterbank ziehen. Sie können die Gerste aber auch einfach als Gerstenflocken über Ihr Müsli geben.

Gerste gilt als Heilmittel bei Magen-Darm-Erkrankungen und bei Entzündungen und wird als Gerstenschleim – mit Wasser aufgekochte Gerste – verabreicht. Bei den Tibetern ist Gerste in Form von geröstetem Gerstenmehl als Tsampa beliebt. Es dient dort als Grundnahrungsmittel. Wenn Sie sich nun fragen, warum ein Säurebildner ein Grundnahrungsmittel sein kann, müssen Sie Folgendes beachten: Es ist wichtig, nicht die einzelnen Lebensmittel isoliert zu betrachten, sondern die gesamte Ernährungsweise und Lebensweise miteinzubeziehen. In Tibet sind die Lebensbedingungen wesentlich härter als bei uns. Dort, wo Tsampa verzehrt wird, werden dazu nicht Cola, Chips und Currywurst verzehrt. Dazu kommt, dass die Menschen dort schwere körperliche Arbeit verrichten, an die wir hier auch mit dreimal in der Woche Fitnesstraining nicht herankommen. Die Gefahr, dass ein Tibeter sich durch tägliche Gerstenmahlzeiten, die übrigens sehr einfach als Brei gehalten sind, übersäuert, tendiert daher gegen null. Kennen Sie Gerste bislang gar nicht? Trauen Sie sich! Fangen Sie mit Gerstenflocken zum Frühstück an oder kaufen Sie ein Brot mit einem Gerstenanteil. Ein- bis zweimal die Woche ist eine Mahlzeit mit Gerste empfehlenswert.

Reis – am besten Vollkorn

Weißer Reis ist stärker säurebildend als Vollkornreis und zählt daher zu den schlechten Säurebildnern. Reis besteht zu 75 bis 80 % aus Stärke und enthält, im Gegensatz zu anderen Getreiden, auch im Korn etwas Eiweiß. Es gibt über 1000 Reissorten – wir unterscheiden meist nur zwischen Langkorn, Mittelkorn und Rundkorn, die es dann jeweils geschält, poliert oder ungeschält gibt. Auch Basmatireis kann geschält oder ungeschält sein. Wenn Sie – am besten einmal die Woche – ein Gericht mit Reis essen, sollten Sie einen Vollkornreis wählen. Empfehlenswert sind Risotto, Müsli mit Reisflocken oder Reiswaffeln. Für Milchallergiker und Laktoseintolerante ist Reismilch eine gute Alternative. Auch Wildreis ist immer eine leckere Alternative.

Hafer beruhigt den Magen

Hafer ist den meisten Menschen als Haferflocken bekannt. Haferschleim – mit Wasser gekochte Haferflocken – hilft gut bei Magen-Darm-Erkrankungen. Hafer enthält wertvolles Eiweiß und Fett, doch die Haferflockenindustrie hat Hafer so weit bearbeitet, dass von den wertvollen Inhaltsstoffen kaum noch was erhalten ist. Bevorzugen Sie daher Hafer aus biologisch-dynamischem Anbau. Es ist die hochwertigste Form von Hafer, das gilt auch für alle übrigen Getreide. Und Getreide ist auch in dieser hohen Qualität nicht teuer. Die Stärke des Haferkorns enthält verschiedene Kohlenhydrate, von denen eine Gruppe von der Fruktose abgeleitet ist. Hafer hat daher antidiabetische Eigenschaften aufzuweisen. Auch auf den Cholesterinspiegel wirkt sich Hafer günstig aus. Versehen Sie daher Ihr morgendliches Müsli öfter mal mit 2–3 Esslöffel Haferflocken und bevorzugen Sie Brote mit Haferanteil, das es im Bioladen zu kaufen gibt.

Hirse enthält viel Kieselsäure

Hirse hat von den einheimischen Getreidearten das kleinste Korn. Seine harte Schale ist unverdaulich und wird daher immer abgeschält. Das geschälte Korn wird dennoch als Vollkorn bezeichnet – es enthält immer noch viele wertvolle Mineralien, vor allem die Salze der Kieselsäure, die gut für Bindegewebe, Haut, Haare und Nägel sind. Hirse gilt als besonders wärmendes Getreide und ist vielen nur als Hirsebrei bekannt. Es hat keine guten Backeigenschaften, da es glutenfrei ist. Hirse kann man aber sehr gut als Hirsotto zubereiten – mit Gemüse oder mit frischen Steinpilzen ein leckeres Gericht. Der Vorteil gegenüber dem sonst üblichen Risotto ist, dass Hirse eine viel kürzere Garzeit hat. Hirse kochen geht ganz einfach: 1 Tasse Hirse – 2 Tassen Wasser – etwas Kräutersalz – 10–15 Min. kochen und 15 Min. nachquellen lassen – fertig. Legen Sie daher einmal pro Woche einen Hirsetag ein: Hirseflocken zum Müsli oder gekochte Hirse zum Gemüse oder ein Hirsotto.

Braunhirse – reichlich Eisen und Kieselsäure

Man geht derzeit davon aus, dass Braunhirse eine Wildform der Rispenhirse aus dem indischen Raum ist. Die Körner sind braun und kleiner als die uns bekannte Hirse. Sie ist sehr mineralienreich – besonders der Eisen- und Kieselgehalt sowie der Gehalt an bioaktiven Stoffen sind hervorzuheben. Braunhirse wird ungeschält und mit Spelzen gemahlen, was Ernährungswissenschaftler als bedenklich ansehen, denn sie ist so schlechter verdaulich.

Zum einen können die Gerbstoffe im Spelz die Eiweißverdauung stören, zum anderen vermindert die Phytinsäure hier, wie auch in anderen Getreidearten, die Aufnahme von Kalzium und Eisen. Die Braunhirse ist daher ein Getreide, das wie alle anderen, durchaus zu einer vollwertigen Ernährung gehört, solange es nicht ausschließlich verzehrt wird. Am empfehlenswertesten und am besten verdaulich ist sie in frisch gekeimter Form. Das Selbstkeimen von Braunhirse ist ganz leicht – die Keimlinge schmecken lecker im Salat oder im morgendlichen Müsli.

Teff – Zwerghirse

Ist eine Getreideart, die in Äthiopien ein Grundnahrungsmittel ist. Dort wird Teff zur Herstellung des Nationalgerichts Injera, einer Art Fladenbrot, verwendet. In Deutschland ist Teff noch recht unbekannt, gewinnt aber zunehmend an Bedeutung, da Teff glutenfrei ist und damit für Menschen mit Zöliakie eine weitere Getreidealternative bildet.

Pseudogetreide – die glutenfreie Alternative

Als Pseudogetreide bezeichnet man Körner, die in der Küche als Getreideersatz verwendet werden und sowohl im Aussehen als auch im Geschmack Ähnlichkeiten mit Getreide aufweisen. Beliebt sind die Pseudogetreide bei uns geworden, weil sie glutenfrei sind. Sie sind daher für Magen- und Darmempfindliche sowie für Menschen mit Glutenüberempfindlichkeit (Zöliakie, Sprue, glutensensitive Enteropathie) ein optimaler Getreideersatz.

Die Körner von Pseudogetreidearten sind kleiner als die meisten Getreidekörner, doch sie enthalten auch einen entsprechenden Stärkeanteil, der sie zu leichten und somit guten Säurebildnern macht. Wegen des fehlenden Glutens sind sie zum Brotbacken ungeeignet und werden als Breie, Grütze oder gekocht verzehrt. Pseudogetreide haben meist einen höheren Eiweißanteil und enthalten mehr Vitalstoffe als Getreide. Die Körner sind kleiner und entsprechend mehr vitalstoffreiche Hüllen enthält das Pseudogetreide.

Buchweizen senkt den Blutzucker

Buchweizen gehört botanisch zu den Knöterichgewächsen. Er wird wie Mais als Polenta verwendet – bei den Italienern als »grano saraceno« bekannt. Auch Pfannkuchen aus Buchweizenmehl sind beliebt. Buchweizen hat übrigens blutzuckersenkende Eigenschaften.

Getreide on the top: getrocknete Keimlinge

Getreide zählen zu den guten Säurebildnern, denn ihre Schalen enthalten jede Menge Mineralien, Vitamine und Spurenelemente. Mit einem kleinen Trick werden sie sogar basischer und bekömmlicher: mit dem Keimen! Und Sie müssen nicht mehr auf ein basisches Müsli mit Getreideflocken verzichten, denn es gibt seit 2018 „Wacker gekeimtes Müsli“. Dieses enthält gekeimte Haferflocken, gekeimten Buchweizen, dazu Kokosflocken und Dattelstücke.

Goldkeimlinge aus Braunhirse, Hirse oder Dinkel, aber auch getrocknete Keimlinge aus Hafer und Buchweizen, bereichern die basische Küche. Der Keimprozess wird genau überwacht und die Keimlinge werden anschließend schonend getrocknet. Dadurch haben sie einen hohen Gehalt an Vitaminen, essentiellen Aminosäuren, Enzymen und Coenzymen (www.basenfasten.de/shop). Ein Hit unter den Keimlingen sind Quinoakeimlinge. Beim Keimen erhöht sich der Gehalt an B-Vitaminen der ohnehin vitalstoffreichen Quinoakörner um ein Vielfaches. Beim Keimen von Quinoa und anderen Saaten entstehen ebenfalls Enzyme und Coenzyme, was die Verdaulichkeit und die Bioverfügbarkeit verbessert.

Quinoa – reichlich Eiweiß, Eisen und Magnesium

Quinoa ist ein Pseudogetreide aus Südamerika. Es gehört botanisch wie Amaranth zu den Fuchsschwanzgewächsen und hat sehr kleine, senfkorngroße Samen. Quinoa ist besonders mineralienreich und verfügt über einen höheren Eisen- und Magnesiumgehalt als echte Getreide. Auch sein Eiweißgehalt ist deutlich höher als bei den echten Getreidearten. Er liegt bei ca. 15 %. Sein hoher Eisengehalt verleiht ihm den kräftigen und herzhaften Geschmack, den ich persönlich sehr schätze, denn Sie benötigen wesentlich weniger Würzmittel als bei Reis oder Hirse.

Wissenschaftler warnen bisweilen davor, zu viel Quinoa könne die Darmschleimhaut von Kleinkindern reizen, da die Schale bitter schmeckende Saponine enthält. Für ältere Kinder und Erwachsene bestehe keine Gefahr. Hinweise, dass es zu solchen Reizungen gekommen ist, gibt es bislang keine. Meine Empfehlung: ein Quinoa-Gericht pro Woche – beispielsweise als Quinotto.

Amaranth – lecker im Müsli

Amaranth zählt zur Familie der Fuchsschwanzgewächse und ist besonders beliebt im morgendlichen Müsli. Obwohl die Müslimischungen meist mit Honig, Palmfett und anderen Zutaten versetzt sind, ist Amaranth als Grundlage der Mischung für Darmempfindliche besser verträglich als ein Müsli mit Hafer-, Dinkel- oder Gerstenflocken. Amaranth wird auch als Pops angeboten. Sicher nicht die gesündeste Form, Amaranth zu verzehren, aber besser als ein Brot mit Schokocreme zum Frühstück. Amaranth ist glutenfrei und bereichert auch die Getreideküche glutenempfindlicher Menschen. Amaranth zeichnet sich durch seinen hohen Gehalt an essenziellen Eiweißen und Mineralien aus, insbesondere Eisen, Kalzium, Magnesium und Zink. Die wenigen Fette bestehen zu 70 % aus ungesättigten Fettsäuren. Durch den Gerbstoffgehalt ist es für Kleinkinder und Säuglinge nicht zu empfehlen. Für Kinder und Erwachsene dürfen es ruhig einige Amaranthfrühstücke in der Woche sein. Das ist in jedem Fall gesünder als Cornflakes mit Zucker.

Chiasamen – basisches Powerfood

Chiasamen sind essbare Samen, die aus der mexikanischen Wüstenpflanze Salvia hispanica (Salbeipflanze) stammen. Bereits vor tausend Jahren dienten sie den Mayas und Azteken als Grundnahrungsmittel. Da sie wahre Nährstoffbomben sind, wurden sie damals den Laufboten und Jägern als energiespendende Begleiter mitgegeben. Die Mayas gaben ihnen deshalb auch den Namen Chia, was »Stärke« bedeutet. Glaubt man der mexikanischen Volksmedizin, genügt bereits ein einziger Teelöffel Chiasamen, um einen Menschen für einen ganzen Tag mit ausreichend Nährstoffen zu versorgen. Wenn man betrachtet, welche Nährstoffe in Chia enthalten sind, dann könnte das sogar zutreffen.

Chia besteht aus bis zu 38 % Chiaöl und zu ca. 20 % aus Protein. Im Vergleich mit anderen Getreidearten wie Weizen, Mais, Gerste oder Reis liegt der Samen mit seinem hohen Proteingehalt vorn. Ein hoher Proteingehalt wirkt unterstützend auf den Muskelaufbau und die Leistungsfähigkeit. Daneben sind auch wertvolle Omega-3-Fettsäuren, die eine gesundheitsfördernde Wirkung vor allem auf verschiedene Blutwerte haben, enthalten. Aber auch jede Menge Vitamine und Mineralstoffe sowie Antioxidanzien, die unsere Körperzellen vor schädlichen Angriffen schützen, stecken in diesem kleinen Korn. Es geht noch weiter: So übertrifft der Kalziumgehalt von Chia den von Milch sogar um das Fünffache. Der Kaliumanteil in Chiasamen ist doppelt so hoch wie in Bananen und beim Eisen ist er dreimal ergiebiger als Spinat.

Es gibt wohl wenige Nahrungsmittel, die so viele Nährstoffe und Mineralien in vergleichbarer Menge liefern. Das macht Chia zum idealen Basenbildner und Veganer können so ihren täglichen Nährstoffbedarf optimal mit dieser pflanzlichen Alternative abdecken. In Flüssigkeit quellen Chiasamen auf und bekommen eine gelartige Konsistenz, weshalb sie sich auch als Bindemittel und für Pudding eignen.

DEKSEL
LID
PREPARED IN HOLLAND
Pure ground
BLACK PEPPER
NET WEIGHT
50
GRAMS

Junger Spinat mit Polenta**schnittchen**

18 Basenpunkte | **2 Personen** | **35 Min.**

300 g junger Spinat
1 große Karotte
150 g Steinchampignons (oder Champignons)
1 Schalotte
2 EL Sonnenblumenöl
2 EL Sesamsalz
schwarzer Pfeffer
einige Stängel Glattpetersilie
250 g Polenta
½ l Gemüsebrühe (aus 1 Gemüsebrühwürfel)
Paprikapulver
Kurkuma
2 EL Rapsöl

• • •

Die Spinatblätter gründlich waschen und abtropfen lassen. Die Karotte waschen und klein raspeln. Die Steinchampignons mit Küchenkrepp abreiben und in dünne Scheiben schneiden. — Die Schalotte abziehen, klein würfeln und in dem Öl glasig dünsten. Die Spinatblätter, die Steinchampignons und die Karottenraspel dazugeben, mit Salz und Pfeffer würzen und einige Minuten dünsten. — Petersilie waschen und klein schneiden. Polenta, Petersilie, Paprikapulver und Kurkuma in die kochende Brühe geben und 5 Min. auf niedriger Stufe kochen lassen, von der Kochstelle nehmen und 20 Min. nachquellen lassen. — Polenta in eine eckige Form streichen – Höhe etwa 1,5 bis 2 cm – und, sobald sie erkaltet ist, in Rauten oder Rechtecke schneiden. — Die Polentaschnittchen im Öl von beiden Seiten kurz anbraten und zusammen mit dem Spinat servieren.

< Junger Spinat mit Polentaschnittchen

Sommerliche Minestrone **mit Gerste**

19 Basenpunkte | **2 Personen** | **45 Min. + 8 Std. Einweichzeit**

½ Tasse Gerste
1 Tasse Wasser
Salz
1 Handvoll grüne Bohnen
1 mittelgroße Karotte
Kartoffeln
1 kleine Zucchini
1 kleine rote Zwiebel
1 EL Olivenöl
¾ l Gemüsebrühe (aus 1 Gemüsebrühwürfel)
frisch gemahlener weißer Pfeffer
einige Stängel Glattpetersilie

• • •

Die Gerste am Vorabend im Wasser einweichen und am nächsten Tag in dem Wasser 30 Min. kochen. Die Gerste verträgt noch gut eine längere Nachquellzeit, weshalb Sie sie schon gleich morgens kochen können. Nach dem Kochen etwas Salz dazugeben. — Die Enden der Bohnen abschneiden, die Bohnen waschen und halbieren. Die Karotte unter fließendem Wasser mit der Gemüsebürste säubern. Die Kartoffeln waschen, schälen und vierteln. Den Strunk der Zucchini entfernen, die Zucchini waschen und in Scheiben schneiden. — Die Zwiebel abziehen, klein schneiden und im Olivenöl kurz andünsten. Die geschnittenen Gemüse dazugeben und mit etwas Wasser ablöschen. Die Gemüsebrühe zur Gemüsemischung geben und alles ca. 15 Min. lang garen. Mit den Gewürzen und der Petersilie abschmecken, die Gerste dazugeben und servieren.

Grünkern-Paprika-Salat

19 Basenpunkte | 2 Personen | 55 Min.

1 kleine Tasse Grünkern
1 rote und 1 gelbe Paprika
2 kleine Zucchini
2 EL Olivenöl
Kräutersalz
frisch gemahlener schwarzer Pfeffer
1 Handvoll schwarze, ungefärbte Oliven
ein paar Rosmarinnadeln

• • •

Grünkern in der doppelten Menge Wasser zum Kochen bringen und 40 Min. lang kochen. — Die Paprika waschen, den Strunk herausschneiden und die Paprika in dünne Streifen schneiden. — Die Zucchini waschen, halbieren und in dünne Streifen schneiden. Das Olivenöl erhitzen, die Paprikastreifen und die Zucchinistreifen darin vorsichtig andünsten und die Gewürze dazugeben. — Die schwarzen Oliven und die Rosmarinnadeln gegen Ende der Garzeit dazugeben und den gegarten Grünkern untermischen. Schmeckt kalt auch lecker!

Asiatisches Austernpilzragout mit Basmatireis

17 Basenpunkte | 2 Personen | 30 Min.

1 Tasse Vollkorn-Basmatireis
1 Frühlingszwiebel
1 mittelgroße Karotte
160 g Austernpilze
2 EL Sesamöl
Salz
frisch gemahlener schwarzer Pfeffer
Kurkuma
1 Prise gemahlener Ingwer
1 TL Schwarzkümmel
1 Tasse Gemüsebrühe (aus ¼ Gemüsebrühwürfel)
1 EL Bio-Sojasauce

• • •

Den Reis nach Packungsanweisung garen. Frühlingszwiebel putzen, waschen und klein schneiden. Karotte schälen und in sehr feine Streifen schneiden. Austernpilze mit Küchenkrepp abreiben und in Streifen schneiden. — Die Zwiebeln im Öl glasig dünsten, Gewürze und Pilze unter Rühren dazugeben. Unter ständigem Rühren die Karotten dazugeben. Mit Gemüsebrühe ablöschen und etwa 20 Min. dünsten. — Mit der Sojasauce abschmecken und zum Basmatireis servieren.

Herbstliches Quinotto mit Steinpilzen

18 Basenpunkte | 2 Personen | 25 Min.

250 g Quinoa
750 ml Gemüsebrühe (aus 2 Gemüsebrühwürfeln)
2 Stängel Glattpetersilie
1 mittelgroße Karotte
1 kleine Schalotte
Kerbel
Schnittlauch
2–3 mittelgroße Steinpilze
2 EL Sonnenblumenöl

• • •

Quinoa in 500 ml Gemüsebrühe 10 Min. garen und 10–15 Min. nachquellen lassen. — Die Petersilie waschen, hacken und gegen Ende der Garzeit dazugeben. Die Karotte mit der Gemüsebürste säubern und in sehr feine Stifte schneiden. — Die Schalotte abziehen und klein schneiden. Die Kräuter waschen und klein schneiden. Pilze mit Küchenkrepp abreiben, fein schneiden und mit den Schalotten und der Karotte 3–4 Min. im Öl anbraten. — Mit etwas Gemüsebrühe aufgießen, dann die Kräuter dazugeben und unter das Quinotto mischen.

Grünkern-Paprika-Salat >

Mediterranes Gemüse mit **Gnocchi**

17 Basenpunkte | 2 Personen | 20 Min.

2 kleine Zucchini
4 mittelgroße Tomaten
2 kleine Zwiebeln
2 EL Olivenöl
Salz
frisch gemahlener schwarzer Pfeffer
Kräuter der Provence
1 Handvoll schwarze, ungefärbte Oliven
250 g Gnocchi (möglichst aus dem Bioladen)
2 EL geriebenen Parmesan

• • •

Die Zucchini waschen, die Stielansätze entfernen und die Zucchini grob raspeln. Die Tomaten mit kochendem Wasser überbrühen, häuten und vierteln – Stielansätze entfernen. Die Zwiebeln abziehen, halbieren und in Ringe schneiden. — Das Olivenöl erhitzen und die Zwiebeln und die Zucchini darin andünsten. Mit etwas Wasser ablöschen und mit Salz, Pfeffer und den Kräutern der Provence würzen. — Bei schwacher Hitze etwa 10 Min. garen und am Ende der Garzeit die Tomaten und die Oliven dazugeben. — Gnocchi nach Packungsanweisung in Salzwasser kochen. Zusammen mit dem mediterranen Gemüse auf 2 Teller verteilen und mit Parmesan bestreut servieren.

Sommerliches Hirsotto

19 Basenpunkte | 2 Personen | 30 Min.

2 Tassen Wasser
1 Gemüsebrühwürfel
1 Tasse Hirse
2 kleine Zucchini
12 reife Kirschtomaten
2 kleine Zwiebeln
2 EL Olivenöl
Salz
frisch gemahlener schwarzer Pfeffer
1 Handvoll schwarze, ungefärbte Oliven
einige Stängel frischer Basilikum

• • •

Das Wasser mit dem Gemüsebrühwürfel zum Kochen bringen. Die Hirse dazugeben und etwa 10 Min. kochen. Hirse von der Kochstelle nehmen und 10–15 Min. im heißen Kochtopf nachquellen lassen. — Die Zucchini waschen, putzen und grob raspeln. Die Tomaten waschen und halbieren. Die Zwiebeln abziehen, halbieren und in Ringe schneiden. Das Olivenöl erhitzen und die Zwiebel und die Zucchini darin andünsten. Mit etwas Wasser ablöschen und mit Salz und Pfeffer würzen. Bei schwacher Hitze etwa 10 Min. garen. Am Ende der Garzeit die Tomaten, die Oliven und die gewaschenen und klein gezupften Basilikumblätter dazugeben. — Die gekochte Hirse mit dem sommerlichen Gemüse vermischen und heiß, lauwarm oder kalt servieren.

Polenta mit Lauch-Karotten-**Ragout**

18 Basenpunkte | **2 Personen** | **40 Min.**

250 g Polenta
einige Stängel Glattpetersilie
½ l Gemüsebrühe (aus 1 Gemüsebrühwürfel)
2 Stangen Lauch
2 mittelgroße Karotten
Brunnenkresse
2 EL Sesamöl
Kräutersalz
frisch gemahlener weißer Pfeffer
1 Prise Koriander
1 Prise Muskatnuss

• • •

Polenta und die gewaschene und klein gehackte Glattpetersilie in die kochende Brühe geben und 5 Min. auf niedriger Stufe kochen lassen. Dann von der Kochstelle nehmen und 20 Min. nachquellen lassen. — Den Lauch gründlich waschen, putzen und in dünne Streifen schneiden. Die Karotten waschen, mit der Gemüsebürste reinigen und in kleine Stifte schneiden. Die Brunnenkresse waschen, abtropfen lassen und klein schneiden. — Lauch und Karotten im Gemüsedämpfer wenige Minuten al dente garen. Das kalte Sesamöl mit den Gewürzen mischen und das gegarte Gemüse darin wälzen. Polenta in zwei kleine Puddingformen füllen, auf Teller stürzen und das Gemüse über den Polentapudding verteilen.

Karotten-Spinat-**Hirsotto**

19 Basenpunkte | **2 Personen** | **35 Min.**

1 Gemüsebrühwürfel
1 Tasse Hirse
4 Karotten
1 kleine Zwiebel
2 EL Sonnenblumenöl
½ Gemüsebrühwürfel
250 g junger Spinat
frisch gemahlener schwarzer Pfeffer
Kurkuma
1 EL Sesamsalz
frische Glattpetersilie
3 EL Zedernüsse

• • •

2 Tassen Wasser mit dem Gemüsebrühwürfel zum Kochen bringen. Die Hirse dazugeben und etwa 10 Min. kochen. Hirse von der Kochstelle nehmen und 10–15 Min. im heißen Kochtopf nachquellen lassen. — Die Karotten mit der Gemüsebürste abbürsten und in 1–1,5 cm breite Stifte schneiden. Die Zwiebel abziehen und fein würfeln. — Den Spinat waschen und putzen. Die Zwiebel im Öl vorsichtig andünsten. Karotten dazugeben, kurz erhitzen, den ½ Gemüsebrühwürfel in etwas Wasser auflösen und das Gemüse damit ablöschen. — Die klein gezupften Spinatblätter zugeben und alles noch einige Minuten bei mittlerer Hitze dünsten. Mit den Gewürzen abschmecken. Hirse mit dem Gemüse vermischen und mit der Petersilie und den Zedernüssen dekorieren.

Bekömmliche Dinkelnudeln mit buntem Gemüse

18 Basenpunkte | **2 Personen** | **40 Min.**

250 g Dinkelnudeln
Salz
2 kleine Kohlrabi
2 kleine Karotten
½ Schalotte
2 Handvoll kleine Spinatblätter (oder Mangold)
2 EL Sonnenblumenöl
½ Gemüsebrühwürfel
Kräutersalz
weißer Pfeffer
8 Paranüsse

• • •

Die Dinkelnudeln nach Packungsanweisung in Salzwasser kochen. Die Kohlrabi waschen und schälen. Die Karotten waschen. Kohlrabi und Karotten in 1–1,5 cm breite Stifte schneiden. — Die Schalotte abziehen und fein würfeln. Den Spinat waschen und putzen. Das Sonnenblumenöl erhitzen und die Schalotte vorsichtig darin glasig dünsten. — Die Kohlrabi- und Karottenstifte dazugeben und unter Rühren kurz erhitzen. Den halben Gemüsebrühwürfel in etwas Wasser auflösen und das angedünstete Gemüse damit ablöschen. — Die klein gezupften Spinatblätter dazugeben und alles noch einige Minuten bei mittlerer Hitze dünsten und würzen. Machen Sie die Garprobe mit einem Messer. Das Gemüse soll nicht zerkocht sein. — Die Paranüsse klein hacken und über die fertige Gemüsemischung geben. Das Kohlrabi-Karotten-Gemüse unter die Nudeln mischen und servieren.

< Quinoabratlinge

Quinoabratlinge

20 Basenpunkte | **2 Personen** | **40 Min. + 1 Std. Einweichzeit**

100 g Chiasamen
100 ml Wasser
1 große Gemüsezwiebel
1 kleines Bund Majoran
400 g gekeimtes Quinoa
4 EL Olivenöl
Salz
1 Msp Kreuzkümmel
frisch gemahlener schwarzer Pfeffer

• • •

Die Chiasamen in 100 ml Wasser ca. 1 Stunde einweichen. Die Zwiebel abziehen und fein würfeln. Den Majoran waschen, abtropfen lassen und klein schneiden. — Gekeimte Quinoasamen mit Zwiebelwürfeln in Olivenöl anschwitzen und mit Salz, Kreuzkümmel und Pfeffer abschmecken. Majoran hinzugeben. — Die Hälfte der Keimlinge ganz lassen. Die andere Hälfte mit einem Cutter breiig zerkleinern und mit dem Chiasamenbrei mischen. — Die restlichen ganzen Quinoakeimlinge hinzugeben und zu einer formbaren Masse verkneten. Nochmals mit Salz, Kreuzkümmel und Pfeffer abschmecken. — Kleine, nicht zu dicke Küchle formen. In heißem Olivenöl knusprig ausbraten.

Hirse-Zucchini-Spaghetti-**Mix mit edlem** Steinpilz**ragout**

18 Basenpunkte | 2 Personen | 35 Min.

250 g Hirsespaghetti
Salz
2 mittelgroße, gerade Zucchini
1 kleine Zwiebel
¼ l Gemüsebrühe
2 mittlere oder 1 großer Steinpilz
(oder Kräuterseitling)
6 Cocktailtomaten
einige Stängel frischer Basilikum
4 EL Olivenöl
frisch gemahlener schwarzer Pfeffer
Kräutersalz

• • •

Hirsenudeln nach Packungsanweisung in Salzwasser kochen. — Die Zucchini waschen und mithilfe der Gemüsespaghettimaschine zu Spaghetti verarbeiten. Die Zwiebel abziehen, klein schneiden und die Hälfte in 2 EL Olivenöl andünsten. Die Zucchinispaghetti dazugeben, etwas Gemüsebrühe hinzufügen und unter ständigem Rühren weiter dünsten. — Die Steinpilze putzen und klein schneiden. Die Tomaten waschen und halbieren. Die Basilikumblätter waschen und klein schneiden. — In einem anderen Topf die andere Hälfte der Zwiebeln in 2 EL Olivenöl glasig dünsten und die Steinpilzstücke dazugeben. Mit etwas Gemüsebrühe ablöschen, die Tomatenhälften und den Basilikum dazugeben und würzen. — Die Zucchinispaghetti unter die Hirsespaghetti mischen, auf Tellern anrichten und das Steinpilzragout darüber verteilen.

Schwarzwurzel-**Gemüse mit Buchweizen**

18 Basenpunkte | 2 Personen | 45 Min.

5 mittelgroße Stangen Schwarzwurzeln
1 Bund junge Karotten
1 l Gemüsebrühe
2 Frühlingszwiebeln
2 EL Sonnenblumenöl
frisch gemahlener weißer Pfeffer
Kräutersalz
1 Tasse Buchweizen
1 Schälchen Gartenkresse

• • •

Die Schwarzwurzeln mit Handschuhen schälen, putzen und in 6–8 cm lange Stücke schneiden. Die Karotten mit der Gemüsebürste reinigen und klein schneiden. — Die Schwarzwurzeln in der Gemüsebrühe 15–20 Min. garen. — Die Frühlingszwiebeln waschen, putzen, klein schneiden und im Öl glasig dünsten. Die Karotten und die Gewürze dazugeben, mit etwas Gemüsebrühe ablöschen und bei mittlerer Hitze 10 Min. garen. — Den Buchweizen in 2 Tassen Wasser mit etwas Salz ca. 15 Min. kochen, vom Herd nehmen und ca. 15 Min. nachquellen lassen. Die Schwarzwurzeln unter die Karotten und den Buchweizen mischen und mit Kresse bestreut servieren.

Schwarzwurzel-Gemüse mit Buchweizen >

Amaranth-Mangold-**Auflauf**

18 Basenpunkte | **2 Personen | 60 Min. + 20 Min. Backzeit**

100 g Amaranth
¼ l Gemüsebrühe
300 g Mangold
1 große Karotte
2 EL Sesamöl
1 EL Sesamsalz
Muskat
gemahlener Bockshornklee
frisch gemahlener weißer Pfeffer
2 EL Crème fraîche
1 Ei
2 EL Mandelblättchen
2 EL geriebener Parmesan

• • •

Amaranth in der Gemüsebrühe wenige Minuten aufkochen, von der Kochstelle nehmen und ca. 40 Min. nachquellen lassen. — Den Strunk des Mangolds abschneiden, die Mangoldblätter waschen und in feine Streifen schneiden. Die Karotte unter fließendem Wasser mit der Gemüsebürste säubern und raspeln. Mangoldblätter mit den Karotten im Sesamöl andünsten und die Gewürze dazugeben. Mit wenig Wasser ablöschen. — Crème fraîche mit dem Ei vermischen und zugeben. — Eine Auflaufform mit Öl auspinseln, den Backofen auf 200 Grad Umluft vorheizen und erst eine Schicht Gemüse, danach eine Lage Amaranth, dann wieder eine Lage Gemüse übereinanderschichten. Mit Parmesan und Mandelblättchen bestreuen und 20 Min. überbacken.

< Amaranth-Mangold-Auflauf

Quinotto mit zartem **Lauchgemüse**

18 Basenpunkte | **2 Personen | 35 Min.**

1½ Gemüsebrühwürfel
125 g Quinoa
3 kleine Stangen Lauch
1 mittelgroße Karotte
2 EL Sesamöl
1 EL Sesamsalz
frisch gemahlener schwarzer Pfeffer
200 g frische Egerlinge
etwas frische Glattpetersilie

• • •

250 ml Wasser mit 1 Gemüsebrühwürfel zum Kochen bringen. Quinoa dazugeben und 10 Min. kochen. Dann von der Kochstelle nehmen und 10–15 Min. ausquellen lassen. — Die Lauchstangen putzen, waschen, der Länge nach vierteln und in 4–6 cm lange Streifen schneiden. Die Karotte mit der Gemüsebürste unter fließendem Wasser säubern und in dünne Stifte schneiden. — Lauch und Karotten kurz im Sesamöl andünsten, mit einer halben Tasse Wasser ablöschen und den ½ Gemüsebrühwürfel zugeben. Mit Sesamsalz und Pfeffer würzen. — Die Egerlinge mit Küchenkrepp abreiben und in dünne Scheiben schneiden. Zum Lauchgemüse geben und noch einige Minuten mitgaren. Quinoa mit dem Gemüse und der gehackten Petersilie mischen.

LECKERES MIT HÜLSENFRÜCHTEN

Avocadosalat mit Du Puy Linsen

18 Basenpunkte | 2 Personen | 40 Min.

½ Tasse Du Puy Linsen
Kräutersalz
2 reife Avocados
1 gute Handvoll Steinchampignons
2 sehr reife Strauchtomaten
1 Handvoll rote Basilikumblätter
Zitronenthymian
Zutaten für das Apfelbalsamico-Dressing (Seite 65)

• • •

Linsen waschen, in 2 Tassen Wasser 20–30 Min. auf kleiner Flamme kochen und mit dem Kräutersalz würzen. — Avocadofruchtfleisch und Steinchampignons in dünne Scheiben schneiden. Strauchtomaten sehr klein würfeln. — Basilikumblätter, Zitronenthymian und die gegarten Linsen darüber verteilen. Das Apfelbalsamico-Dressing zubereiten und löffelweise dazugeben.

TIPP Wenn dieser Salat 100% basisch werden soll, dann können Sie die Linsen erst 2 Tage keimen lassen.

Linsen sind echte Allrounder

Hülsenfrüchte enthalten wertvolle Eiweiße und zählen daher zu den guten Säurebildnern. Ein- bis zweimal pro Woche sollten Sie eines meiner leckeren Gerichte mit Linsen oder anderen Hülsenfrüchten probieren.

Es gibt mittlerweile auch bei uns viele sehr leckere Linsensorten zu kaufen. Ich schätze Linsen, weil sie echte Allrounder sind. Als Paste püriert und herzhaft gewürzt eignen sie sich prima als Brotaufstrich. Aus roten Linsen koche ich innerhalb einer halben Stunde eine Suppe. Ich liebe Belugalinsen und die Sorte »Du Puy«, weil man aus ihnen herrliche Salate zubereiten kann. Bevor man in die Welt der Linsen einsteigt, sollte man grob wissen, welche Sorte sich für welche Zubereitung eignet. Hier eine kurze Übersicht:

Du Puy Linsen sind nicht so mehlig wie andere Linsensorten und schmecken schön nussig. Beim Kochen behalten die Linsen ihren Biss – ideal für Linsensalate. Ihren Namen haben sie vom Département Puy-de-Dôme in der Auvergne.

Rote Linsen sind geschält, verkochen schnell cremig zu Brei und eignen sich daher besonders gut für Suppen. Sie haben von allen Linsen die kürzeste Garzeit.

Grüne Tellerlinsen sind typische Eintopflinsen. Sie sind größer als andere Sorten, behalten ihre Form und zerfallen erst nach längerem Kochen. Aus Tellerlinsen lassen sich auch hervorragend herzhafte Brotaufstriche herstellen. Da Tellerlinsen besonders mild sind, passen sie als Keimlinge auch aufs basische Frühstücksmüsli.

Belugalinsen sind kleine schwarze Linsen, die einen besonders würzig-aromatischen Geschmack haben, weshalb sie auch als »Kaviar« der Linsen bezeichnet werden. In Gourmetküchen wurden sie in den letzten Jahren wiederentdeckt und erfahren derzeit eine kleine Renaissance

Champagnerlinsen kommen ursprünglich aus der Champagne und sind auch unter dem Namen Chateaulinsen auf dem Markt. Sie sind klein, braun und besonders aromatisch. Neben den Du Puy Linsen und den Belugalinsen zählen sie zu den Feinschmeckerlinsen.

Die Linsen und das Purin

Wie alle Hülsenfürchte enthalten Linsen viel Eiweiß, viele Vitalstoffe und leider auch Purine. Purine werden im Stoffwechsel zu Harnsäure abgebaut. Sie können den Puringehalt reduzieren, indem Sie die Brühe abschütten und die Suppe mit einer Gemüsebrühe auffüllen. Linsenkeimlinge enthalten weit weniger Purine, denn diese werden durch das tägliche Spülen ausgewaschen. Sie benötigen dazu ein Glas mit einem Siebverschluss. Die Linsen werden zunächst in dem Glas einige Stunden in Wasser eingeweicht. Dann wird das Glas auf den Kopf gestellt, damit das Wasser vollständig abfließen kann. Das Glas sollte an einem hellen Ort, am besten auf der Fensterbank, stehen, denn der Keimprozess benötigt Licht. Ein- bis zweimal täglich werden die Linsen mit Wasser gut gespült. Zwischen dem 2. und 4. Tag erscheinen die ersten Keime.

Und wenn es mal ganz schnell gehen soll, dann gibt es drei köstliche Zubereitungen: Wacker Mousse aus gekeimten Berglinsen, Kichererbsen oder Bohnen – 100% basisch und mit deutlich weniger Purinen. Zu finden auf: www.basenfasten.de/shop.

Auch für Soja und Tofu gilt: nicht zu viel davon!

Die Sojabohne gehört zu den Hülsenfrüchten und diese sind bekannt für ihren hohen Gehalt an Purinen. Purine (sonst vor allem in Fleisch und in Kaffeebohnen enthalten) werden über die Leber zu Harnsäure abgebaut und können, wenn die Nahrung dauerhaft zu viele Purine enthält, zu der sehr schmerzhaften Gicht führen. Sojaprodukte und andere Hülsenfrüchte führen somit auch zu einer Säurebildung im Organismus. Dies bezieht sich vor allem auf Sojaflocken, Sojamilch, Sojasahne, Sojajoghurt, Sojapudding, Sojaaufstriche, Sojafleisch und andere Produkte, die verarbeitete Sojabohnen enthalten. Tofu und Tempeh sind fermentierte Sojaprodukte, deren Säurewirkung nicht wirklich untersucht wurde, doch man kann von einer Säurebildung ausgehen.

Frische Keimlinge und traditionell hergestellte Sojasaucen

Frische Sojabohnenkeimlinge werden – wie alle Keimlinge – durch die enzymatische Umwandlung im Keimprozess basisch verstoffwechselt. Zudem enthalten die frischen Keimlinge jede Menge Vitamine, Mineralien und Bioaktivstoffe. Sojasaucen – sofern sie aus einer traditionellen Herstellung stammen, sind wertvolle fermentierte Lebensmittel. Die meisten Sojasaucen, auch die in den Restaurants, sind durch Hightech-Verfahren schnell fermentierte Saucen ohne gesundheitlichen Wert. Zu empfehlen sind die Saucen von Arche, Ruschin und Lima – gibt es als »Tamari« (ohne Weizenbasis) oder Shoyu (auf Weizenbasis).

Soja – alles andere als nachhaltig

Der hohe Eiweißgehalt der Sojabohnen veranlasst viele Menschen, vor allem Vegetarier, Sojaprodukte in ihren Speiseplan aufzunehmen. Das Eiweiß aus Hülsenfrüchten ist in der Tat ideal, da es wesentlich besser verwertet werden kann als tierisches Eiweiß. Gleichzeitig ist der hohe Eiweißgehalt ein Problem für Allergiker. In sojaanbauenden Ländern – vor allem in Südamerika – gibt es einen dramatischen Anstieg von Sojaallergien und dadurch bedingtes Asthma. Auch in Europa nehmen Sojaallergien zu. Sojabohnen werden seit einigen Jahren zusätzlich vermehrt in der pharmazeutischen Industrie eingesetzt, da man sie anstelle einer Hormonersatztherapie in den Wechseljahren empfiehlt. Die Sojabohne ist auch das Lieblingskind der Gentechnik und des riesigen Industriezweiges, der sich dahinter aufbaut. Immer wird Soja als Futterpflanze eingesetzt für die vielen Tiere, die gegessen werden. Diese Faktoren führten in den vergangenen Jahren zu einem enormen Ausbau von Sojamonokulturen und auch dafür werden Regenwälder abgeholzt und die Existenzen von Bauern in Argentinien und anderen südamerikanischen Ländern zunichtegemacht.

Fazit: Es spricht nichts dagegen, hin und wieder ein Gericht mit Tofu zu essen, weshalb sich auch in diesem Buch das ein oder ander findet. Es gibt aber keinen Grund, nur weil man vegetarisch leben möchte, in eine Sojaeuphorie zu verfallen. Tauchen Sie als Vegetarier lieber in die Welt der einheimischen Hülsenfrüchte ein – und genießen Sie Belugalinsen, Du Puy Linsen in allen Variationen – sie schmecken zudem viel interessanter als Tofu.

Kichererbsen und Süßlupinen

Wenn Sie von Soja wegkommen wollen, bieten Kichererbsen und Süßlupinen die optimale Alternative, um den Eiweißbedarf zu decken. Dabei wird die Süßlupine in Deutschland angebaut und enthält doppelt soviel Eiweiß wie die Kichererbse. Wussten Sie, dass Kichererbsen genauso viel Eiweiß enthalten wie die meisten Fleischsorten? Wenn Sie nun noch das generell schwer verdauliche Eiweiß besser verstoffwechseln wollen, dann probieren Sie doch mal gekeimte Kichererbsen und gekeimte Süßlupinen. Ein Pfannkuchen aus gekeimtem Kichererbsenmehl ist basisch, vegan und dazu lecker.

Bunter Linsensalat **mit Brokkoli**

18 Basenpunkte | **2 Personen** | **30 Min.**

½ Tasse Belugalinsen und grüne Tellerlinsen, gemischt und gekeimt
1 TL Sesamsalz
500 g Brokkoli
1 Karotte
1 kleine Zwiebel
Zutaten für das Frühlingsdressing mit Wildkräutern (Seite 64)
50 g Zedernüsse
½ Schälchen Kresse

• • •

Die gekeimten Linsen kurz blanchieren, abtropfen lassen und mit dem Sesamsalz würzen. — Brokkoli putzen, waschen, in Röschen teilen und im Gemüsedämpfer wenige Minuten garen, bis sie ein sattes Grün angenommen haben. — Die Karotte waschen, schälen und fein raspeln. Die Zwiebel abziehen und klein schneiden. — Das Dressing zubereiten und mit den Brokkoliröschen, den Karotten, den Zwiebeln und den Zedernüssen vermischen. Den Salat mit der Kresse bestreuen.

< Bunter Linsensalat mit Brokkoli

Kohlrabi-Karotten-Salat mit **Beluga-linsen**

18 Basenpunkte | **2 Personen** | **45 Min.**

½ Tasse Belugalinsen
Kräutersalz
2 kleine Kohlrabi
1 Karotte
1 Frühlingszwiebel
Zutaten für das Himbeerbalsamico-Dressing (Seite 64)
Schnittlauch

• • •

Die Linsen waschen, abtropfen lassen und in 2 Tassen Wasser 20–30 Min. auf kleiner Flamme kochen und mit dem Kräutersalz würzen. — Kohlrabi waschen, schälen und die Karotte mit der Gemüsebürste säubern. Kohlrabi und Karotte auf dem Gemüsehobel klein raspeln. Frühlingszwiebel putzen, waschen und klein schneiden. — Das Dressing zubereiten und zusammen mit den Linsen unter das Gemüse mischen. Schnittlauch waschen, in Röllchen schneiden und über den Salat verteilen.

Süßkartoffel-Kichererbsen-**Püree**

20 Basenpunkte | **2 Personen** | **30 Min.**

400 g Süßkartoffeln
etwa 100 ml Gemüsebrühe
100 g gekeimte Kichererbsen
2 EL Olivenöl
etwas Salz
schwarzer Pfeffer

• • •

Süßkartoffeln schälen, waschen und in 1 cm dicke Scheiben schneiden. Süßkartoffel mit 300 ml Wasser aufkochen und zugedeckt bei schwacher Hitze 10 Min. ziehen lassen. — Die Süßkartoffeln mit einer Gabel zu Püree verarbeiten und für die cremige Konsistenz die Gemüsebrühe dazugeben. — Die gekeimten Kichererbsen kurz blanchieren, zerstoßen und ebenfalls unter das Püree rühren.

Reichhaltige Rote-Linsen-**Cremesuppe**

17 Basenpunkte | **2 Personen** | **35 Min.**

1½ Tassen rote Linsen
2 EL Sesamsalz
4 große Kartoffeln
1 Stange Lauch
1 Zwiebel
2 EL Sonnenblumenöl
1 Prise Muskat
1 l Gemüsebrühe (aus 1 Gemüsebrühwürfel)
etwas Schnittlauch
2 EL Crème fraîche

• • •

Die Linsen waschen, abtropfen lassen und in etwa 5 Tassen Wasser wenige Minuten auf kleiner Flamme kochen und mit dem Sesamsalz würzen. Das Kochwasser abschütten und nicht für die Suppe weiterverwenden. — Die Kartoffeln waschen, schälen und vierteln. Den Lauch putzen, den Strunk entfernen und den Lauch in grobe Ringe schneiden. — Die Zwiebel abziehen, sehr klein schneiden und im Öl mit dem Muskat glasig dünsten. Kartoffeln und Lauch zugeben und mit der Gemüsebrühe ablöschen. — Alles 15–20 Min. kochen lassen, anschließend die roten Linsen dazugeben und pürieren. Den Schnittlauch in Röllchen schneiden. Die Suppe auf Teller verteilen, je 1 Löffel Crème fraîche sowie die Schnittlauchröllchen auf die Suppe geben. — Mit Olivenöl verfeinern und mit Salz und Pfeffer abschmecken.

Champagnerlinsen mit Karotten **und Spinat**

18 Basenpunkte | **2 Personen** | **45 Min.**

1 Tasse Champagnerlinsen
Kräutersalz
4 kleine Karotten
1 kleine Zwiebel
250 g Babyspinat
2 EL Sonnenblumenöl
½ Gemüsebrühwürfel
frisch gemahlener schwarzer Pfeffer
Kurkuma
1 EL Sesamsalz

• • •

Die Linsen waschen, abtropfen lassen und in 3 Tassen Wasser 20–30 Min. auf niedriger Stufe kochen lassen. Am Ende der Garzeit etwas Kräutersalz dazugeben. Das Linsenwasser abschütten. — Die Karotten mit der Gemüsebürste unter fließendem Wasser abbürsten, waschen und in 1–1,5 cm breite Stifte schneiden. Die Zwiebel abziehen und fein würfeln. Den Spinat waschen. — Die Zwiebeln im Öl vorsichtig andünsten. Karotten dazugeben, kurz erhitzen, den ½ Gemüsebrühwürfel in etwas Wasser auflösen und das Gemüse damit ablöschen. Mit den Gewürzen abschmecken. — Die klein gezupften Spinatblätter dazugeben und alles noch einige Minuten bei mittlerer Hitze dünsten. Das Gemüse über die gegarten Linsen geben und servieren.

Sättigendes Linsen-Winter**gemüse**

18 Basenpunkte | **2 Personen** | **45 Min.**

1 Tasse Belugalinsen
Kräutersalz
3 kleine Stangen Lauch
2 Stängel Glattpetersilie
2 EL Sesamöl
½ Tasse Gemüsebrühe (aus ½ Gemüsebrühwürfel)
1 EL Sesamsalz
1 Prise gemahlener Bockshornklee
frisch gemahlener schwarzer Pfeffer
200 g Champignons
100 g Tofu, ungeräuchert

• • •

Die Linsen waschen, abtropfen lassen und in 3 Tassen Wasser 20–30 Min. köcheln lassen. Am Ende der Garzeit etwas Kräutersalz dazugeben. Das Linsenwasser abschütten. — Die Lauchstangen putzen, gründlich waschen und in feine Ringe schneiden. Die Petersilie waschen und klein schneiden. Den Lauch sanft im Öl andünsten und mit der Gemüsebrühe ablöschen. Mit Sesamsalz, Bockshornklee und Pfeffer würzen. — Die Pilze mit Küchenkrepp abreiben und fein schneiden. Den Tofu in 2–3 cm große Stücke schneiden. Tofu, Pilze und Petersilie zum Gemüse geben und noch einige Minuten andünsten. Das Lauchgemüse über die Linsen geben.

Morchelragout **mit Tofu und frischen** Erbsen

19 Basenpunkte | **2 Personen** | **30 Min.**

2 Handvoll frische Erbsen
160 g frische Morchel
1 kleine Schalotte
2 EL Sesamöl
frisch gemahlener weißer Pfeffer
1 EL Sesamsalz
150 g Tofu, ungeräuchert
1 EL Sesamsamen

• • •

Die Erbsen aus den Schoten pulen, waschen und in etwas Salzwasser wenige Minuten garen. — Getrocknete Morcheln in Wasser einweichen, abtropfen lassen und in Streifen schneiden. Frische Morcheln trocken säubern – mit einem Pinsel oder mit Küchenkrepp – und in nicht zu grobe Streifen schneiden. — Die Schalotte abziehen, klein schneiden und zusammen mit den Morcheln im Öl andünsten. Mit Sesamsalz und Pfeffer würzen. — Den Tofu in 2–3 cm große Stücke schneiden. Die gegarten Erbsen zu den Morcheln geben und die Tofustücke untermischen und kurz erwärmen – nicht anbraten. Das Morchelragout mit Sesam bestreut servieren.

VARIANTE Anstelle von Morcheln können Sie auch Austernpilze verwenden und zur Not gehen auch tiefgekühlte Erbsen.

Bratlinge von **gekeimten Belugalinsen an** Tomatensugo

20 Basenpunkte | **4 Personen** | **60 Min.**

Die Chiasamen in 100 ml Wasser ca. 1 Stunde einweichen. — Die gekeimten Belugalinsen mit der in Würfel geschnittenen Zwiebel in Olivenöl anschwitzen und mit Salz, Kreuzkümmel und Pfeffer würzen. Frisch gehackten Majoran hinzugeben. — Die Hälfte der Linsen ganz lassen. Die andere Hälfte mit einem Cutter breiig zerkleinern und mit dem Chiasamenbrei mischen. Die restlichen ganzen Linsen hinzugeben und zu einer formbaren Masse verkneten. Nochmals mit Salz, Kreuzkümmel und Pfeffer abschmecken. — Kleine, nicht zu dicke Küchle formen. In heißem Olivenöl knusprig ausbraten. — Die Tomaten gut waschen, vom Strunk befreien und in grobe Würfel schneiden. Gemüsezwiebel in feine Streifen schneiden und Peperoncinischote fein würfeln. Die feinen Zwiebel und Peperoncini in Olivenöl anbraten und die Tomatenwürfel hinzugeben. — Mit dem Abrieb der Zitrone, Kreuzkümmel, Salz und Pfeffer abschmecken und so lange einkochen, dass noch die Tomatenstücke zu erkennen sind. Die in feine Streifen geschnittenen Minzblätter hinzugeben und ziehen lassen. Nochmals mit Zitronensaft, Salz und Pfeffer abschmecken. — Sugo in Pastateller geben, die Belugalinsenküchle arrangieren und mit frischer Minze ausgarnieren.

100 g Chiasamen
100 ml Wasser
400 g Belugalinsensprossen
1 große Gemüsezwiebel
4 EL Olivenöl
Salz aus der Mühle
1 Msp Kreuzkümmel
frisch gemahlener schwarzer Pfeffer
1 kleines Bund Majoran
1 kg Eiertomaten
1 große Gemüsezwiebel
1 Peperoncini
1 Msp Kreuzkümmel
1 Zitrone
1 kleines Bund Minze

• • •

FISCH- UND FLEISCH-GERICHTE

Sommergemüse mit Saibling**filets**

13 Basenpunkte | 2 Personen | 25 Min.

1 mittelgroße Zucchini
10 reife Kirschtomaten
1 mittelgroße Zwiebel
2 EL Rapsöl
Kräutersalz
schwarzer Pfeffer
1 Handvoll schwarze, ungefärbte Oliven
2 Saiblingfilets (je 100 g)
Zitronenpfeffer
3 EL Olivenöl
Salz
einige Blätter Basilikum

• • •

Zucchini waschen, putzen und in dünne Streifen schneiden. Tomaten waschen und halbieren. Zwiebel abziehen und klein schneiden. Zwiebeln und Zucchini im Öl andünsten. — Mit Kräutersalz und Pfeffer würzen und mit etwas Wasser ablöschen. 10 Min. garen. Die Tomaten wenige Minuten mitdünsten, die Oliven halbieren und dazugeben. — Saiblingfilets mit Zitronenpfeffer würzen und von beiden Seiten 4 Min. vorsichtig im Öl anbraten. Fischfilets mit Salz würzen und auf dem Sommergemüse anrichten. Mit Basilikum dekorieren.

Basenreiches mit Fisch

Fisch ist sicher die gesündeste Art, tierisches Eiweiß zu verzehren. Wenn Sie sich dabei nicht nur für die Modefische wie Lachs, Viktoriabarsch oder Meeresfrüchte entscheiden, sondern eher die ökologisch vertretbaren Arten wählen, können Sie dies auch mit einem guten Gewissen tun.

Wertvolle Omega-3-Fettsäuren

Fisch enthält im Gegensatz zu Fleisch eine Menge mehrfach ungesättigter Fettsäuren, insbesondere Omega-3-Fettsäuren, die uns vor Herz-Kreislauf-Erkrankungen schützen. Achten Sie dennoch auf die Menge, denn für Ihr neues basenreiches Leben gilt: Säurebildner wie Fisch, Fleisch und Getreide nehmen einen kleineren Platz auf dem Teller ein als Gemüse und Salate. Zweimal in der Woche dürfen Sie Fisch genießen. Fette Seefische enthalten übrigens die meisten Omega-3-Fettsäuren.

Seefisch enthält darüber hinaus bedeutende Mengen Jod, die der menschliche Organismus für den Aufbau der Schilddrüsenhormone benötigt. Nur Algen (Nori, Wakame, Kombu etc.) enthalten noch mehr Jod und teilweise sogar in so großen Mengen, dass man nicht zu viel auf einmal essen sollte.

Welcher Fisch ist empfehlenswert?

Bei Fisch dürfen Sie ruhig etwas wählerischer sein. Zum einen sind die Weltmeere schon so weit abgefischt, dass viele Fischarten bedroht sind. Zum anderen werden »Must-have-Fische« wie Lachs und Forelle sowie Meeresfrüchte im großen Stil gezüchtet. Die Massenfischzucht bringt wie die Massentierzucht die üblichen Begleiterscheinungen mit sich: Medikamentenrückstände. Bei den Meeresfischen ist es vor allem der Thunfisch, der häufig mit Quecksilber belastet ist. Dennoch müssen Sie auf Fischmahlzeiten nicht verzichten. Wegen seiner wertvollen Omega-3-Fettsäuren sind ein bis zwei Fischmahlzeiten in der Woche aus frischem Fisch durchaus vertretbar.

Umweltschützer, Angler und natürlich Greenpeace empfehlen, möglichst Fisch aus biologischen Zuchtbetrieben zu kaufen (www.biofisch.at). Im Internet finden Sie Listen, denen Sie entnehmen können, welche wild gefangenen Fische noch akzeptabel in Bezug auf die Fischbestände sind.

Frischer Fisch

Sofern Sie nicht am Meer oder an einem See leben und von dort direkt Ihren frischen Fisch beziehen können, werden Sie wohl eher selten in den Genuss von frischem Fisch kommen. Für Allergiker und Darmempfindliche kann das schwierig werden. Denn pro Tag (Lagerung/Transport) steigt die Menge an Histamin, das vor allem von Allergikern und Darmkranken nicht schnell genug abgebaut werden kann und so zu Magen-Darm-Störungen, Kopfschmerzen und vielen anderen gesundheitlichen Problemen führen kann. Ein Tipp: Frisch ist nur der Fisch, der nicht nach Fisch riecht.

Achten Sie beim Kauf von Fisch auf das blaue Siegel des Marine Stewardship Council (MSC). Das Siegel kennzeichnet nachhaltige Fischereiprodukte. Der MSC ist eine international tätige gemeinnützige Einrichtung, die nachhaltig fischende Betriebe zertifiziert.

Basenreiches mit Fleisch

Wenn Sie keinen Fisch mögen und/oder Fleischgerichte lieben, können Sie auch im Rahmen einer basenreichen Ernährung rund 2-mal in der Woche etwas Leckeres mit Fleisch kochen und genießen – diese Menge an Säuren kann unser Körper durchaus verkraften. Mindestens einmal sollte es aber Geflügel sein.

Welches Fleisch ist empfehlenswert?

Ganz klar, wenn schon Fleisch, dann Fleisch aus biologischer Herkunft. Schweinefleisch ist für Menschen nicht empfehlenswert, was an seiner Eiweißstruktur liegt und daran, dass es jede Menge Histamine enthält, die viele Menschen im Darm nicht abbauen können. Die Folgen können allergieartige Symptome, auch Kopfschmerzen und Durchfall sein.

Fleisch von Säugetieren wie Kalb, Rind, Lamm, Ziege, Wild ist nur für Menschen ratsam, die keine Probleme mit ihrem Stoffwechsel haben. Geflügel wie Pute und Hähnchen sind hier für die Gesundheit besser – vorausgesetzt, die Geflügelfarm hält sich mit

Medikamenten zurück. Erkundigen Sie sich genau, bei wem Sie was kaufen. Fragen Sie nach.

Innereien sollten auf Ihrer Fleischliste ganz weit hinten stehen und, wenn überhaupt, nur in absoluten Ausnahmefällen verzehrt werden. Der Grund? Leber und Niere sind wichtige Entgiftungsorgane – auch bei Tieren. Die vielen Wachstumshormone und andere Medikamente, die Tiere während ihrer kurzen und stressigen Aufzuchtphase abbekommen, werden über Leber, Nieren und Darm entgiftet. Diese Organe sind daher hochgradig belastet. Tun Sie sich das nicht an – Ihre Leber und Ihre Nieren haben auch so genügend Arbeit.

Um Wurst, geräucherte und gepökelte, auch wenn sie nicht vom Schwein ist, sollten Sie in Ihrem neuen, basenreichen Leben einen großen Bogen machen. Ein Putenwiener dagegen ist schon mal drin.

Vitamin-B_{12}-Lieferanten

Wenn Sie bislang Fleisch vor allem deshalb essen, weil Sie glauben, sich nur so mit ausreichend Vitamin B_{12} zu versorgen, können Sie nun aufatmen: Auch in Keimlingen finden sich große Mengen Vitamin B_{12}, ein für die Blutbildung wichtiges Vitamin, z.B. in Kichererbsen, Linsen, Mungobohnen und Alfalfa (Luzerne). Übrigens sind Alfafakeimlinge neben Brokkolikeimlingen und Kresse auch sehr Vitamin-C-haltig.

Purine: in Fleisch und Hülsenfrüchten

Purine sind Nahrungsbestandteile, die in der Leber zu Harnsäure abgebaut werden. Purine sind in unterschiedlichen Mengen in Fleisch, vor allem in Muskelfleisch und in Wurstwaren, enthalten.

Auch in Fisch und Fischerzeugnissen sind Purine enthalten. Besonders hoch ist der Puringehalt in Lachs, Ölsardinen, Thunfisch in Öl und in Sprotten.

Auch in einigen pflanzlichen Nahrungsmitteln stecken Purine in maßgeblichen Mengen – besonders viel in Hülsenfrüchten wie Soja, Linsen, getrockneten Erbsen und in getrockneten Bohnen. In zu großen Mengen genossen, kann dadurch der Harnsäurespiegel im Blut steigen und auf Dauer zu Gicht, einer sehr schmerzhaften Entzündung der Gelenke, führen.

Eiweiß für mehr Muskeln?

Die Meinung hält sich hartnäckig, dass vor allem Eiweiß für den Muskelaufbau notwendig sei. Und bei Eiweiß denkt jeder an Fleisch, Wurst und Käse. Nun haben neuere Forschungen ergeben, was Ragnar Berg, der Begründer der Basen-Philosophie, 1912 schon sagte: Durch den Verzehr von tierischem Eiweiß kommt es zu verstärktem Proteinabbau, was wiederum den Abbau von Knochen und Muskeln zur Folge hat. Muskeln können Sie aufbauen durch Sport und 2–3 Fleischgerichte in der Woche schaden noch nicht.

Ob Sie Ihren Eiweißbedarf mit tierischem oder pflanzlichem Eiweiß decken, ist für den Muskel übrigens einerlei. Die für den Muskelaufbau notwendigen Aminosäuren finden sich gleichermaßen in tierischem und in pflanzlichem Eiweiß.

Hülsenfrüchte wie Bohnen, Erbsen, Kichererbsen und Soja enthalten zu Fleisch und Wurst vergleichbare Mengen an Eiweiß. Süßlupinen enthalten sogar doppelt so viel Eiweiß. Auch Samen wie Sonnenblumenkerne und Sesam sowie Nüsse, besonders Mandeln und Paranüsse, sind sehr eiweißreich.

Getreide und Pseudogetreide, besonders Quinoa und Amaranth, sind mit 11–15% Eiweißgehalt auch nennenswert. Das ist mit dem Gehalt an Eiweiß in Frankfurter Würstchen vergleichbar, aber weniger als im Schweineschnitzel. Als Eiweißlieferant nicht zu vergessen sind Maronen – eine gute und dazu basische Alternative zur Bratwurst auf dem Weihnachtsmarkt.

Bouillabaisse

13 Basenpunkte | 2 Personen | 40 Min.

200 g Fischfilet (wahlweise Kabeljau, Goldbarsch und/ oder Seelachs)
1 kleine Zwiebel
2 EL Olivenöl
1 kleine Stange Lauch
1 kleine Fenchelknolle
1 knapper Liter Gemüsebrühe
(aus 1 Gemüsebrühwürfel)
1 Lorbeerblatt
frisch gemahlener bunter Pfeffer (rot, weiß und schwarz)
1 Nelke
Safran
1 reife Tomate

• • •

Die Fischfilets waschen, trocken tupfen und in mundgerechte Stücke schneiden. Die Zwiebel abziehen, klein schneiden und im Olivenöl glasig dünsten. — Den Lauch putzen und waschen, den Wurzelansatz entfernen und den Lauch in Scheiben schneiden. Die Fenchelknolle putzen, waschen, den Strunk entfernen und den Fenchel in Streifen schneiden. — Die Gemüse und die Gemüsebrühe zu den Zwiebeln geben. Lorbeerblatt, Pfeffer, Nelke und ein wenig Safran dazugeben. Alles etwa 15 Min. kochen. Fischfilets hinzufügen und weitere 15 Min. darin ziehen lassen. — Die Tomate kurz in heißes Wasser geben, häuten, in Viertel schneiden und gegen Ende der Garzeit zur Fischsuppe geben.

Seelachsröllchen **mit Dill auf Karotten-Mangold**-Gemüse

13 Basenpunkte | 2 Personen | 35 Min.

2 kleine Seelachsfilets (je 100 g)
Saft von ½ Zitrone
Salz
weißer Pfeffer
3 mittelgroße Karotten
1 kleiner Mangold
1 kleine Schalotte
2 EL Sonnenblumenöl
1 EL Sesamsalz
schwarzer Pfeffer
2 Stängel frischer Dill

• • •

Die Seelachfilets abwaschen, trocken tupfen, mit dem Zitronensaft beträufeln, salzen und pfeffern. Die Karotten in dünne Scheibchen schneiden. Den Mangold in dünne Streifen schneiden. Die Stiele und Blätter getrennt legen. — Die Schalotte abziehen, klein würfeln und im Sonnenblumenöl glasig dünsten. Die Karotten dazugeben, kurz andünsten, die Mangoldstiele dazugeben und mit wenig Wasser ablöschen, dann das Sesamsalz und den Pfeffer dazugeben. Nach wenigen Minuten die Mangoldblätter dazugeben und andünsten. — Den Dill waschen, trocken schwenken und je einen Zweig auf die Seelachsfilets legen. Ein wenig Dill für die Deko übrig lassen. Die Seelachsfilets aufrollen, mit Küchengarn zusammenbinden und die Seelachsröllchen auf das Mangold-Karotten-Gemüse setzen. Zugedeckt bei mittlerer Hitze etwa 10 Min. garen.

Seelachs mit Spinat

15 Basenpunkte | 2 Personen | 35 Min.

500 g frischer Spinat
1 Schalotte
2 EL Sonnenblumenöl
Kräutersalz
frisch gemahlener weißer Pfeffer
Muskatnuss
2 Seelachsfilets zu je 100 g
½ unbehandelte Zitrone
1 Handvoll Glattpetersilie

• • •

Den Spinat putzen, waschen und abtropfen lassen. Die Schalotte abziehen und fein hacken. Die Schalotten im Öl glasig dünsten. Den Spinat dazugeben und 5 Min. leicht andünsten. — Den Backofen auf 220 Grad (Umluft 200 Grad) vorheizen. Den Spinat mit Kräutersalz, Pfeffer und Muskat würzen. — Die Seelachsfilets waschen, trocken tupfen, salzen und pfeffern. — Eine feuerfeste Form mit ein wenig Sonnenblumenöl auspinseln, den Boden der Form mit dem Spinat auslegen und die Seelachsfilets darauflegen. Die abgewaschene Zitronenhälfte in Scheiben schneiden und auf die Filets legen. — Die Glattpetersilie waschen, trocken schwenken, klein zupfen und über den Fisch verteilen. Den Fisch im Backofen auf mittlerer Schiene etwa 20 Min. garen.

VARIANTE Wenn Sie keinen Spinat mögen, können Sie auch ein anderes Gemüse zu Ihrem Fischgericht wählen.

Zanderfilet mit Petersilien-Kohlrabi

15 Basenpunkte | 2 Personen | 35 Min.

3 Kohlrabi
1 Schalotte
2 EL Sesamöl oder Sonnenblumenöl
1 EL Sesamsalz
½ Gemüsebrühwürfel
einige Stängel Glattpetersilie
1 großes Zanderfilet (200 g)
Saft von ½ Zitrone
frisch gemahlener weißer Pfeffer
Salz

• • •

Die Kohlrabi waschen, schälen und in feine Streifen schneiden. Die Schalotte abziehen und klein würfeln. Das Öl erhitzen und die Schalotten darin glasig dünsten. Die Kohlrabistreifen und das Sesamsalz dazugeben. — Den halben Gemüsebrühwürfel in wenig Wasser auflösen und dazugeben. Die Glattpetersilie waschen, klein hacken und gegen Ende der Garzeit zum Kohlrabi geben. — Das Zanderfilet abwaschen und trocken tupfen. Mit Zitronensaft beträufeln und mit etwas weißem Pfeffer würzen. Öl in einer Pfanne erhitzen und das Zanderfilet von beiden Seiten etwa 4 Min. vorsichtig anbraten. Das fertige Filet mit etwas Salz würzen und mit den Petersilien-Kohlrabi zusammen anrichten.

VARIANTE Dieses Rezept schmeckt auch gut mit Mandelbrokkoli.

Rinderfilet mit Zucchinispaghetti und Kräuterseitlingen

12 Basenpunkte | 2 Personen | 35 Min.

2 mittelgroße, gerade Zucchini
1 kleine Zwiebel
6 EL Sonnenblumenöl
¼ l Gemüsebrühe
150 g Kräuterseitlinge
einige Stängel frische Glattpetersilie
schwarzer Pfeffer
Kräutersalz
2 kleine Rinderfilets (je 100 g)
2 EL Sonnenblumenöl
bunter Pfeffer

• • •

Zucchini waschen und mithilfe der Gemüsespaghettimaschine zu Spaghetti verarbeiten. Zwiebel abziehen, klein schneiden und die Hälfte der Würfel in 2 EL Öl andünsten. — Die Zucchinispaghetti und etwas Gemüsebrühe dazugeben und unter ständigem Rühren weiter dünsten. — Die Kräuterseitlinge klein schneiden. Die Glattpetersilie fein hacken. — In einem anderen Topf die restlichen Zwiebelwürfel in 2 EL Öl glasig dünsten und die Kräuterseitlinge dazugeben. Mit etwas Gemüsebrühe ablöschen, würzen und die Petersilie dazugeben. — Die Rinderfilets mit Kräutersalz und Pfeffer einreiben und von beiden Seiten in einer heißen Pfanne mit 2 EL Öl anbraten, sodass das Fleisch innen rosa bleibt. — Die Zucchinispaghetti auf 2 Teller verteilen und die Rinderfilets darauflegen. Mit frisch gemahlenem Pfeffer bestreut servieren.

< Rinderfilet mit Zucchinispaghetti und Kräuterseitlingen

Asiatisches Putenragout mit Pak Choi und Shiitakepilzen

13 Basenpunkte | 2 Personen | 35 Min.

2 kleine Pak Choi
1 Karotte
150 Shiitakepilze
2 EL Sesamöl
1 EL Sesamsalz
1 Prise gemahlener Bockshornklee
Kurkuma
frisch gemahlener schwarzer Pfeffer
etwa 2 cm frische Ingwerwurzel
150 g Putenschnitzel
2 kleine Frühlingszwiebeln
2 EL Sonnenblumenöl
Kräutersalz
2 Stängel indischer Basilikum (oder Glattpetersilie)

• • •

Die Pak-Choi-Blätter in dünne Streifen schneiden und die Karotte in kleine dünne Stifte schneiden. Die Shiitakepilze vierteln. — Sesamöl erhitzen, den Pak Choi, die Shiitakepilze und die Karotten mit den Gewürzen unter Rühren andünsten. Den Ingwer schälen, auf der Ingwerreibe fein reiben und unter das Gemüse mischen. Alles mit einer halben Tasse Wasser ablöschen. — Putenschnitzel in 3–4 cm große Stücke schneiden. Die Frühlingszwiebeln in feine Scheiben schneiden. Das Fleisch mit den Frühlingszwiebeln in 2 EL Sonnenblumenöl von allen Seiten leicht anbraten. Mit Kräutersalz und Pfeffer würzen und das Gemüse untermischen. Das Basilikum waschen, zupfen und unterrühren.

Sesam-Hähnchen **auf** zartem **Lauch**

12 Basenpunkte | **2 Personen** | **35 Min.**

3 kleine Stangen Lauch
1 mittelgroße Karotte
2 EL Sesamöl
½ Tasse Gemüsebrühe
1 EL Sesamsalz
schwarzer Pfeffer
200 g frische Champignons
3 TL gehackte Mandeln
2 Hähnchenbrustfilets (je 90–100 g)
weißer Pfeffer
Kräutersalz
Paprikapulver
3 EL Sesam
2 EL Sonnenblumenöl

• • •

Lauch in Streifen, Karotte in kleine Stifte schneiden und gemeinsam im Sesamöl kurz andünsten. Mit der Gemüsebrühe ablöschen. Mit Sesamsalz und Pfeffer würzen. — Champignons putzen und in dünne Scheiben schneiden. Zum Lauchgemüse geben und noch einige Minuten dünsten. Vor dem Servieren die gehackten Mandeln darüber verteilen. — Die Hähnchenfilets würzen und im Sesam wälzen. Im heißen Sonnenblumenöl wenige Minuten von beiden Seiten leicht anbraten und zum Lauchgemüse servieren.

Lammfilet auf Bohnen-**Tomaten-Gemüse**

12 Basenpunkte | **2 Personen** | **35 Min.**

300 g grüne Bohnen
1 Handvoll reife Honigtomaten
1 kleine Schalotte
einige Stängel Bohnenkraut
Olivenöl
weißer Pfeffer
Piment
½ Gemüsebrühwürfel
2 kleine Lammfilets (je 100 g)
schwarzer Pfeffer
Salz
2 Rosmarinzweige

• • •

Die Bohnen putzen und halbieren. Die Honigtomaten waschen und halbieren. Die Schalotte schälen und klein würfeln. — Die Bohnen mit dem Bohnenkraut im Gemüsedämpfer garen. Etwas Olivenöl erhitzen. Die Schalotten und die Tomaten darin kurz andünsten. Vom Herd nehmen, mit den Bohnen mischen und abschmecken. — Das Fleisch mit Pfeffer und Salz einreiben. Mit je einem Rosmarinzweig im Olivenöl rosa anbraten. Die Filets schräg aufschneiden und zusammen mit den Bohnen anrichten und mit etwas Rosmarin verzieren.

Kohlrabi-Karotten-Spaghetti **mit Kalbsfilet**

12 Basenpunkte | **2 Personen** | **35 Min.**

1 großer Kohlrabi
1 gerade Karotte
1 kleine Zwiebel
2 EL Sesamöl
1 EL Sesamsalz
2 kleine Kalbsfilets (je 100 g)
Kräutersalz
Pfeffer
1 TL Kräuter der Provence
2 EL Rapsöl
1 Schälchen Gartenkresse

• • •

Kohlrabi waschen und schälen. Karotte waschen. Beides mit der Gemüsespaghettimaschine zu Spaghetti verarbeiten. — Die Zwiebel abziehen, würfeln und im Sesamöl glasig dünsten. Kohlrabi- und Karottenspaghetti und das Sesamsalz dazugeben und kurz andünsten. — Das Kalbsfilet mit Pfeffer, Kräutersalz und den Kräutern der Provence einreiben und im Rapsöl von beiden Seiten anbraten. — Die Kresse abbrausen und mit einer Schere abschneiden. Die Kresse über die Spaghetti verteilen und darauf das Kalbsfilet setzen.

Lammfilet auf Bohnen-Tomaten-Gemüse >

SÜSSES ZUM DESSERT

Sizilianische Melonen-Granita

20 Basenpunkte | 2 Personen
8 Min. + 5 Std. Kühlzeit

¼ Wassermelone
Saft von 2 Limetten
1 EL Agavendicksaft
1 TL abgeriebene Schale einer Limette
Limettenscheiben zum Garnieren

• • •

Die Schale von der Melone entfernen, Fruchtfleisch entkernen und in grobe Stücke schneiden. — In einem hohen Gefäß Limettensaft, Melonenstückchen und Agavendicksaft pürieren und dann den Limettenschalenabrieb unterrühren. Ins Gefrierfach stellen. — Nach etwa 1 Stunde, wenn sich die ersten Eiskristalle gebildet haben, mit einer Gabel verrühren. Nach rund 2 und 3 Stunden nochmals mit der Gabel verrühren. — Die Granita herausnehmen und vor dem Servieren nochmals mit der Gabel auflockern, in kurzen Gläsern anrichten und mit Limettenscheiben garnieren.

Basische Alternativen bei Gelüsten nach Süßem

Die meisten herkömmlichen Desserts enthalten jede Menge Schokolade, Zucker oder Sahne. Sie liefern also jede Menge Kalorien und Säuren. Idealerweise genießt man sie nur selten mal als besondere Ausnahme. Doch es gibt auch basische Alternativen!

Reifes Obst ist zwar basisch, sollte aber zum Frühstück und nicht als Dessert nach einem reichhaltigen Essen genossen werden – mit wenigen Ausnahmen.

Nüsse und Samen

Nüsse liefern viele wertvolle Vitamine, Mineralstoffe, gute Fette und Eiweiß. Leider auch viele Kalorien, weshalb sie nicht in großen Mengen verzehrt werden sollten. Aber eine Nussmischung als Snack fürs Büro ist immer gesünder als ein Schokoriegel. Auch als Studentenfutter mit Sultaninen gemischt sind Nüsse eine gesunde Alternative für unterwegs. Die meisten Nüsse sind zudem basenbildend: Mandeln, Walnüsse, Pistazien, Makadamianüsse, Paranüsse, Zedernüsse, Aprikosenkerne. Die übrigen Nüsse sind nur leichte Säurebildner und sind einem Schokoriegel mit viel Zucker in jedem Fall vorzuziehen.

Auch Samen wie Sonnenblumenkerne, Kürbiskerne und Sesam können Sie einfach so knabbern. Allerdings sind die Samen in gekeimter Form für unsere Verdauung günstiger, weil sie dann weicher sind und besser zu kauen, zudem sind sie als Keimlinge schon durch die Enzyme leicht »vorverdaut«.

Kleinigkeiten, die lecker schmecken

- Für den akuten Fall von Süßlust eignet sich auch ein Tee- bis Esslöffel reines Mandelmus oder reines Sesammus (Tahin), das Sie mit ganz wenig Honig süßen. Eventuell funktioniert es auch ohne Honig, denn zumindest Mandelmus schmeckt von Natur aus leicht süß.
- Auch eine halbe Avocado, das Fruchtfleisch mit einer Gabel zerdrückt und mit ein wenig Honig gesüßt, stillt den Süßhunger. Den obligatorischen Spritzer Zitronensaft nicht vergessen, sonst wird die süße Avocadocreme unansehnlich braun.
- Die Kombination aus Joghurt, Honig und einer kleinen Handvoll Nüssen befriedigt in der Regel auch die Lust auf Süßes. Übrigens: Wenn Sie eine Woche Basenfasten einlegen, verschwindet die Gier nach Süßem meist von allein.
- Auch ungeschwefeltes Trockenobst kann mit oder ohne Nüsse anstelle eines kalorienreichen und sauren Desserts oder als Zwischenmahlzeit gegessen werden. Es gibt ein große Auswahl getrockneter Obstsorten: Ananas, Aprikosen, Bananen, Birnen, Brombeeren, Cranberrys, Feigen, Papayas, Pfirsiche, Rosinen … Sie enthalten zudem jede Menge wertvoller Vitalstoffe wie Magnesium, Kalium, Eisen, Zink und Mangan.

Für die basische Kaffeestunde

Egal ob Sie Gäste erwarten oder nicht, manchmal muss es einfach mehr als ein wenig Trockenobst oder als ein paar Nüsse sein. Wie wäre es da mal mit der basischen Erdmandeltorte und frischen Himbeeren? Oder je nach Saison mit Heidelbeeren, reifen Pfirsichen oder Birnen? Einige basische Plätzchen auf Vorrat zu haben, schadet auch nicht für die schnelle Lust auf Süßes. Ein Chia-Pudding geht auch gut fürs Büro, wenn nachmittags der kleine Hunger kommt. Die Rezepte dazu finden Sie auf den folgenden Seiten.

Kokos-Apfelbananen-Creme

15 Basenpunkte | 2 Personen | 5 Min.

4 reife Apfelbananen
150 g Mascarpone
1 EL Agavensirup
150 ml Kokosmilch (Bio)
frisch gemahlener Kardamom
1 EL gehackte Mandeln
2 EL Kokosflocken

• • •

Die Bananen schälen und mit der Gabel zerdrücken. Die Bananen mit dem Mascarpone, dem Agavensirup, dem Kardamom und der Kokosmilch pürieren. — In 2 Schälchen füllen und mit den Mandeln und den Kokosflocken bestreut servieren.

Weihnachtliches Joghurt-Nuss-Dessert

15 Basenpunkte | 2 Personen | 7 Min.

1 EL Honig oder Mandelmus
etwas gemahlener Zimt
etwas gemahlene Vanille
2 Becher Naturjoghurt
5–6 frische Walnüsse

• • •

Den Honig oder das Mandelmus mit Zimt und Vanille unter den Joghurt rühren. — Die Walnüsse öffnen, die Nüsse in kleine Stücke brechen und unter den Joghurt mischen.

TIPP Nussvielfalt: Probieren Sie dieses Dessert auch mal mit gehackten Pistazien oder mit leicht angerösteten gehackten Mandeln.

Chia-Pudding

20 Basenpunkte | 2 Personen | 15 Min.

4 EL Chiasamen
250 ml Mandelmilch, ungesüßt
1 Apfel
4 Datteln
½ TL Zimt
Mark ½ Vanilleschote
2 EL Mandelblättchen

• • •

Chiasamen kurz in Mandelmilch quellen lassen. — Apfel und Datteln klein schneiden und mit dem Vanillemark, dem Zimt und den Mandelblättchen mischen. — Chia-Pudding in Gläsern anrichten und die Apfel-Dattel-Mischung darauf verteilen.

Basische Früchteplätzchen

20 Basenpunkte | **2 Personen** | **45 Min. + 1 Std. Quellzeit**

75 g Erdmandelflocken (Chufas Nüssli)
25 g geschroteter Leinsamen
250 ml Quellwasser
30 g Trockenpflaumen
30 g Trockenaprikosen
30 g Trockenfeigen
50 g gemahlene Mandeln
25 g gehobelte Mandeln
1 EL Sonnenblumenöl
30 g Rosinen

• • •

Die Erdmandelflocken und den geschroteten Leinsamen in dem Quellwasser einweichen und mindestens 1 Std. quellen lassen. — Die getrockneten Pflaumen, die Feigen und die getrockneten Aprikosen ganz klein schneiden. Alle Zutaten miteinander verrühren. — Ein Backblech mit Backpapier auslegen und aus dem Teig Häufchen formen. Auf der mittleren Schiene in den Backofen schieben. Mit Umluft bei ca. 160 Grad (Ober- und Unterhitze 175 Grad) 15–20 Min. trocknen lassen.

TIPP Dieses Rezept verdanke ich einer Kursteilnehmerin, die vom Basenfasten so begeistert war, dass sie ganz kreativ wurde und basische Plätzchen entwickelt hat, die superlecker schmecken.

< Erdmandeltorte mit Himbeerguss

Erdmandeltorte **mit Himbeerguss**

xx Basenpunkte | **1 Torte** | **xx Min. + min. 2,5 Std. Kühlzeit**

Zutaten für den Boden:
120 g Wacker Erdmandelflocken, geröstet
120 g Kokosflocken
6 Datteln
120 ml Apfelsüße
20 g Kokosöl
etwas Salz
etwas Orangenabrieb
Saft von ¼ Orange

Zutaten für die Creme:
240 g Wacker Erdmandelflocken, geröstet
120 g Apfelsüße
40 ml Zitronensaft
20 ml Orangensaft
60 g Kokosöl zimmerwarm
Zitronen- und Orangenschalenabrieb
etwas frische Vanille
etwas Salz

Zutaten für den Himbeerguss:
1 Schälchen frische Himbeeren
etwas Apfelsüße

• • •

Für den Erdmandelboden: Alle Zutaten im Mixer zu einer krümeligen, formbaren Masse verarbeiten. Den Teig in eine Kuchenform (Ø 18 cm) geben, flach verteilen und andrücken. Den fertigen Boden für 30 Min. ins Gefrierfach stellen. — Für die Creme: Alle Zutaten im Mixer zu einer glatten Creme verarbeiten. Die Creme auf dem Boden verteilen und zum Festwerden für mind. 2 Std. ins Gefrierfach stellen. — Für den Guss: Zwei Drittel der Beeren mit etwas Apfelsüße zu einer feinen Sauce vermixen und auf die Tortenstücke verteilen. Mit den restlichen Himbeeren garnieren und servieren.

Süße Bratbananen **mit Kokosflocken**

19 Basenpunkte | 2 Personen | 5 Min.

3 sehr reife Bananen
1 TL Honig
2 EL Kokosflocken

• • •

Die Bananen schälen und der Länge nach halbieren. Eine Pfanne erhitzen, die Bananenhälften hineinlegen und den Honig darüberträufeln. — Die Bananen kurz anbraten, wenden und die Kokosflocken darüberstreuen.

TIPP Das Dessert können Sie auch mal als Frühstück genießen, wenn Ihnen an einem kalten Wintermorgen nach etwas warmem Basischem ist.

Schnelles Feigen-Nuss-**Dessert**

15 Basenpunkte | 2 Personen | 4 Min.

8 ungeschwefelte Softfeigen
2 Becher Naturjoghurt
2 EL Blütenhonig
gemahlener Kardamom
1 EL gehackte Cashewkerne
oder Cashewbruch
1 EL gehackte Mandeln

• • •

Die Feigen in kleine Stückchen schneiden. Joghurt, Honig und Kardamom vermischen, die Nüsse (bis auf 1 TL Rest für die Deko) und die Feigen dazugeben. — Die Mischung auf 2 Schalen verteilen und die restlichen Nüsse darüberstreuen.

TIPP Wenn Sie im Bioladen eine Feigenmarmelade ohne Zuckerzusatz finden, können Sie auch diese für dieses Dessert verwenden.

Basisches Apfel-**Kompott**

20 Basenpunkte | 3 Personen
20 Min. + 4 Std. Einweichzeit

80 g Rosinen
50 g Kokoschips
200 ml Wasser
3 Äpfel
1 EL Zitronensaft
Mark von ½ Vanilleschote
1 EL Kokosmehl
80 ml Wasser

• • •

Die Rosinen und Kokoschips in einem Topf mit 200 ml Wasser 4 Stunden einweichen. — Die Äpfel waschen, in Stücke schneiden und zu den eingeweichten Rosinen und den Kokoschips geben. — Zu den Äpfeln noch Zitronensaft und das Mark einer halben Vanilleschote geben, das Ganze verrühren. — Kokosmehl mit 80 ml Wasser verrühren, zu den Äpfeln geben und ca. 8 Min. köcheln lassen, bis das Kompott weich ist. — Das Apfel-Kompott in Schälchen anrichten und genießen.

Frittierte Apfelringe

20 Basenpunkte | 2 Personen | 15 Min.

1 großer Apfel
4 EL Kokosmehl
2 EL Kokosöl
1 EL Mandelblättchen

• • •

Den Apfel waschen, entkernen und in Scheiben schneiden. — Die Apfelringe mit dem Kokosmehl panieren und in einer beschichteten Pfanne mit etwas Kokosöl anbraten. — Die panierten Apfelringe auf Tellern anrichten und die Mandelblättchen darübergeben.

Stichwortverzeichnis

Rezept- und Zutatenverzeichnis

Liebe Leserin, lieber Leser,

hat Ihnen dieses Buch weitergeholfen? Für Anregungen, Kritik, aber auch für Lob sind wir offen. So können wir in Zukunft noch besser auf Ihre Wünsche eingehen. Schreiben Sie uns, denn Ihre Meinung zählt!
Ihr TRIAS Verlag

E-Mail-Leserservice
kundenservice@trias-verlag.de
Lektorat TRIAS Verlag
Postfach 30 05 04
70445 Stuttgart
Fax: 0711 8931-748

Bibliografische Information der Deutschen Nationalbibliothek
Die Deutsche Nationalbibliothek verzeichnet diese Publikation in der Deutschen Nationalbibliografie; detaillierte bibliografische Daten sind im Internet über http://dnb.d-nb.de abrufbar.

Programmplanung: Uta Spieldiener
Redaktion: Anne Bleick, Stuttgart
Bildredaktion: Christoph Frick

Layout und Umschlaggestaltung:
CYCLUS Visuelle Kommunikation, Stuttgart

Bildnachweis:
Fotos im Innenteil:
Tracy Pallmann, Berlin: S. 4, S. 19, S. 24, S. 29, S. 30, S. 37, S. 42
privat: S. 8
Umschlagfoto und alle Rezeptfotos Meike Bergmann, Berlin
Foodstyling: Caroline Franke, Berlin

3. überarbeitete Auflage 2019

Printed in Germany

Satz und Repro: Fotosatz Buck, Kumhausen
gesetzt in: Adobe InDesign, CS6
Druck: AZ Druck und Datentechnik GmbH, Kempten

Gedruckt auf chlorfrei gebleichtem Papier

ISBN 978-3-432-10502-4 1 2 3 4 5 6

Auch erhältlich als E-Book:
eISBN (ePub) 978-3-432-10504-8

Wichtiger Hinweis: Wie jede Wissenschaft ist die Medizin ständigen Entwicklungen unterworfen. Forschung und klinische Erfahrung erweitern unsere Erkenntnisse. Ganz besonders gilt das für die Behandlung und die medikamentöse Therapie. Bei allen in diesem Werk erwähnten Dosierungen oder Applikationen, bei Rezepten und Übungsanleitungen, bei Empfehlungen und Tipps dürfen Sie darauf vertrauen: Autoren, Herausgeber und Verlag haben große Sorgfalt darauf verwandt, dass diese Angaben dem Wissensstand bei Fertigstellung des Werkes entsprechen. Rezepte werden gekocht und ausprobiert. Übungen und Übungsreihen haben sich in der Praxis erfolgreich bewährt.

Eine Garantie kann jedoch nicht übernommen werden. Eine Haftung des Autors, des Verlags oder seiner Beauftragten für Personen-, Sach- oder Vermögensschäden ist ausgeschlossen.

Geschützte Warennamen (Warenzeichen®) werden nicht besonders kenntlich gemacht. Aus dem Fehlen eines solchen Hinweises kann also nicht geschlossen werden, dass es sich um einen freien Warennamen handelt.

Saisonkalender **Obst**

	FRÜHJAHR			SOMMER			HERBST			WINTER		
	M	A	M	J	J	A	S	O	N	D	J	F
Ananas	•	•	•	•	•	•	•	•	•	•	•	•
Äpfel	○ •	○ •	○ •	•	•	**A**	**S**	**O**	**N**	○ •	○ •	○ •
Apfelbananen	•	•	•	•	•	•	•	•	•	•	•	•
Apfelsinen	•	•	•	•	•	•	•	•	•	•	•	•
Aprikosen			•	•	**J**	**A**	•	•	•	•	•	•
Bananen	•	•	•	•	•	•	•	•	•	•	•	•
Birnen	•	•	•	•	•	**A**	**S**	**O**	**N**	○ •	○ •	•
Brombeeren			•	•	**J**	**A**	**S**	•	•	•	•	
Clementinen	•	•	•	•	•	•	•	•	•	•	•	•
Cranberrys								•	•	•	•	
Datteln						•	•	•				
Erdbeeren			**M**	**J**	**J**	○						
Granatäpfel							•	•	•	•		
Grapefruits	•	•	•	•	•	•	•	•	•	•	•	•
Guaven	•	•	•	•	•	•	•	•	•	•	•	•
Heidelbeeren	•	•	•	•	**J**	**A**	•	•	•	•	•	•
Himbeeren	•	•	•	**J**	**J**	**A**	**S**	•	•	•	•	•
Holunderbeeren				•	•	•	**S**	**O**	•			
Honigmelonen	•	•	•	•	•	•	•	•	•	•	•	•
Johannisbeeren				**J**	**J**	**A**	•	•	•	•		
Kapstachelbeeren (Physalis)	•	•	•	•	•	•	•	•	•	•	•	•
Khaki	•	•	•	•	•			•	•	•	•	•
Kirschen				**J**	**J**	**A**	•	•				
Kiwis	•	•	•	•	•	•	•	•	•	•	•	•
Kumquats	•	•	•	•	•	•	•	•	•	•	•	•
Limetten	•	•	•	•	•	•	•	•	•	•	•	•

- ■ Heimisches Obst (Saison in Deutschland)
- ● Eingelagertes Obst (nicht frisch geerntet)
- ● Importiertes Obst (nicht heimisch)

	FRÜHJAHR			SOMMER			HERBST			WINTER		
	M	A	M	J	J	A	S	O	N	D	J	F
Litchis	•	•	•	•	•	•	•	•	•	•	•	•
Mandarinen	•	•	•	•	•	•	•	•	•	•	•	•
Mangos	•	•	•	•	•	•	•	•	•	•	•	•
Maracujas	•	•	•	•	•	•	•	•	•	•	•	•
Maronen	•						•	•	•	•	•	•
Maulbeeren					•	•						
Mirabellen					•	A	•	•				
Nektarinen	•	•	•	•	J	A	S	•	•	•	•	•
Orangen	•	•	•	•	•	•	•	•	•	•	•	•
Pampelmusen	•	•	•	•	•	•	•	•	•	•	•	•
Papayas	•	•	•	•	•	•	•	•	•	•	•	•
Pfirsiche	•	•	•	•	J	A	S	•	•	•	•	•
Pflaumen	•	•	•	•	J	A	S	O	•	•	•	•
Preiselbeeren	•	•	•		J	A	S	•	•	•	•	
Quitten	•	•	•					O	N	•	•	•
Rhabarber		A	M	J								
Satsumas	•	•	•	•	•	•	•	•	•	•	•	•
Sanddornbeeren							S	O	N			
Sharonfrucht	•	•	•	•	•	•	•	•	•	•	•	•
Stachelbeeren	•	•	•	J	J	•	•	•	•	•	•	•
Sternfrüchte	•	•	•	•	•	•	•	•	•	•	•	•
Walnüsse	•	•	•	•	•	•	•	O	N	•	•	•
Wassermelonen	•	•	•	•	•	•	•	•	•	•	•	•
Weintrauben	•	•	•	•	•	A	S	O			•	•
Zitronen	•	•	•	•	•	•	•	•	•	•	•	•
Zwetschgen	•	•	•	•	J	A	S	O	•	•	•	•

Saisonkalender **Gemüse**

	FRÜHJAHR			SOMMER			HERBST			WINTER		
	M	A	M	J	J	A	S	O	N	D	J	F
Auberginen	•	•	•	J	J	A	S	•	•	•	•	•
Austernpilze	M	A	M	J	J	A	S	O	N	D	J	F
Avocados	•	•	•	•	•	•	•	•	•	•	•	•
Bärlauch	M	A	M									
Blumenkohl/Romanesco	•	•	M	J	J	A	S	O	•	•	•	•
Brokkoli	•	•	M	J	J	A	S	O	N	•	•	•
Champignons	M	A	M	J	J	A	S	O	N	D	J	F
Chicorée	M	•	•	•	•	•	•	O	N	D	J	F
Chinakohl	M	A	M	J	J	A	S	O	N	D	J	F
Dicke Bohnen		•	•				•	•				
Eichbergsalat/Eisbergsalat			M	J	J	A	S	O	N			
Endiviensalat	•	•	M	J	J	A	S	•	•	•	•	•
Erbsen	•	•	•	J	J	A	•	•	•	•	•	•
Feldsalat	•	•	•	•	•	•	•	O	N	D	J	F
Fenchel	•	•	•	J	J	A	S	O	•	•	•	•
Friseesalat					J	A	S	O	N	D		
Frühlingszwiebeln			M	J	J	A	S	O				
Grüne Bohnen			M	J	J	A	S	O				
Grünkohl								•	N	D	J	F
Gurken		•	•	J	J	A	S	O				
Kartoffeln	•	•	•	J	J	A	S	O	•	•	•	•
Knoblauch		A	M	J								
Knollensellerie	•	•			J	A	S	O	N	•	•	•
Kohlrabi	•	•	M	J	J	A	S	O	N	•	•	•
Kopfsalat/Lollo rosso	•	•	M	J	J	A	S	O	•	•	•	•
Kresse	M	A	M	J	J	A	S					
Kürbis						•	S	O	N	•	•	•
Lauch	M	A							N	D	J	F
Löwenzahn	M	A	M									
Mangold	•	•	M	J	J	A	S	O	N	D	•	•

■ Heimisches Gemüse (Saison in Deutschland)

○ Eingelagertes Gemüse (nicht frisch geerntet)

● Importiertes Gemüse (nicht heimisch)

	FRÜHJAHR			SOMMER			HERBST			WINTER		
	M	A	M	J	J	A	S	O	N	D	J	F
Meerrettich							S	O	N			
Möhren	○	○	○	J	J	A	S	O	○	○	○	○
Pak Choi	●	●	●	●	●	●	●	●	●	●	●	●
Paprika					J	A	S	O				
Pastinaken	M						S	O	N	D	J	F
Petersilienwurzel							S	O				
Pfifferlinge				J	J	A	S	O	N			
Radicchio	●	●	●	○ ●	J	A	S	O	○ ●	●	●	●
Radieschen	●	A	M	J	J	A	S	O	●	●	●	●
Rettich	●	●	M	J	J	A	S	O	N	●	●	●
Rosenkohl							S	O	N	D	J	○
Rote Bete	M	A	M	J	J	A	S	O	N	D	J	F
Rotkohl	○	○	○	J	J	A	S	O	N	D	J	F
Rucola	●	A	M	J	J	A	S	O	N	●	●	●
Sauerampfer			M	J	J	A						
Schwarzwurzel								O	N	D	○	○
Shiitake	●	●	●	●	●	●	●	●	●	●	●	●
Spargel		○	M	J								
Spinat	●	A	M	J	J	A	S	O	N	○	●	●
Spitzkohl	●	●	M	J	J	A	S	O	N	●	●	●
Stangensellerie	●	●	●	J	J	A	S	O	N	●	●	●
Steckrüben								O	N	○	○	○
Steinpilze				J	J	A	S	O				
Süßkartoffeln	●	●	●	●	●	●	●	●	●	●	●	●
Teltower Rübchen								O	N	D		
Tomaten				○	J	A	S	O				
Topinambur	M							O	N	D	J	F
Weißkohl/Wirsing	M	A	M	J	J	A	S	O	N	D	J	F
Zucchini				J	J	A	S	O				
Zwiebeln	○	○	○	○	J	A	S	O	○	○	○	○